Unsere Ostsee-Fährschiffahrt

Gerhard KÖHLER
unter Mitarbeit von Kapitän Lutz HANKEL
und Kapitän Andreas SCHOON

„. . . Eine Fährfahrt die ist lustig,
eine Fährfahrt die ist schön,
denn da kann man fremde Länder
und noch manches andre sehn . . .“

Die Angaben in diesem Buch sind nach bestem Wissen, jedoch ohne Gewähr zusammengestellt. Sie entsprechen dem Stand vom Frühjahr 1988. Die Reihenfolge der Nennung und der Umfang der Beschreibung von Häfen, Schiffen, Routen, Reedereien u. ä. bedeutet keine Wertung. Soweit sinnvoll, ist die Reihenfolge der Nennung alphabetisch.
Das Titelbild zeigt das bei Drucklegung jüngste Ostseefährschiff, die STENA SCANDINAVICA.

KÖHLER-Eigenverlag, 2401 Zarpen b. Lübeck

KÖHLER-Eigenverlag. Inh. Prof. G. Köhler. 2401 Zarpen b. Lübeck, Am Struckteich 4,
Telefon (0 45 33) 12 86
ISBN 3-926699-01-9

Zweite vollständig neubearbeitete und erweiterte Auflage 1988

Satz: Lübecker Fotosatz GmbH, Lübeck
Druck: Druckpartner GmbH, Lübeck

Inhalt

1. Geleitwort und Vorwort

Geleitwort

Die Ostsee ist im Laufe der Geschichte stets ein verbindendes Meer gewesen. Ihre verbindende Kraft hat sich auch in politisch und wirtschaftlich schwierigen Zeiten als außerordentlich stark erwiesen. Dieses ist besonders hervorzuheben, weil die Ostsee-Anliegerstaaten zwei unterschiedlichen Gesellschaftssystemen und drei verschiedenen Wirtschaftssystemen angehören. Die große wirtschaftliche Bedeutung des Ostseeraumes resultiert aus der Tatsache, daß es sich bei diesen acht Ländern rund um die Ostsee um hochentwickelte Volkswirtschaften handelt, die annähernd 20 Prozent des gesamten Welthandels abwickeln. Auch untereinander haben diese Länder einen hohen Grad an Außenhandelsverflechtungen. Spiegelbild dieser intensiven Handelsbeziehungen ist ein dichtes Netz von Schiffahrtsverbindungen,vorwiegend Fährschiffslinien.
Die Fährschiffahrt hat sich aufgrund der besonderen Situation der Ostsee als Binnenmeer mit relativ kurzen Seestrecken in den letzten 20 Jahren wie nirgendwo sonst als die kostengünstigste und schnellste Transportart durchgesetzt. Heute gibt es weit über 30 internationale Fährlinien mit hoher Abfahrtsdichte für die Passagierbeförderung im Ostseeraum.
Als bestimmende Faktoren für diese rasante Entwicklung gerade im Passagierverkehr sind zu nennen der steigende Lebensstandard, mehr Freizeit und größere Mobilität, die dem maritimen Tourismus enormen Auftrieb gegeben haben. In Zukunft sind weitere positive Impulse zu erwarten; denn die Ostsee als Urlaubsregion steht erst am Anfang ihrer Entwicklung.
Möge dieses Buch dazu beitragen, einem möglichst großen Personenkreis die Schönheiten des Ostseeraums und die Besonderheiten der Ostseefährschiffahrt näherzubringen.

Industrie- und Handelskammer zu Lübeck

Dr. Dr. Jürgen Pratje
– Hauptgeschäftsführer –

Vorwort zur ersten Auflage

Liebe Leser,

wir leben in der Welt der Technik. Oft kritisiert, hat die Technik dennoch auch Gutes hervorgebracht: Sichere Autos, heilende medizinische Verfahren, moderne Unterhaltungselektronik und – die **Fährschiffahrt.**

Für den Ferienreisenden sind zahlreiche Beschreibungen vieler Sehenswürdigkeiten – Museen, Schlösser, Landschaften – greifbar. Aber eine Beschreibung der Fährschiffahrt auf der Ostsee, die ja oft einen wesentlichen Teil einer Ferienreise darstellt, fehlte bisher.

- Planen Sie eine Reise mit einem Fährschiff auf der Ostsee?
- Haben Sie eine solche Reise bereits begonnen?
- Möchten Sie Erinnerungen an frühere Fährschiffreisen wach werden lassen?
- Sind Sie ein Freund der Schiffahrt?

Vielleicht möchten Sie noch mehr über die Ostsee-Fährschiffahrt wissen, etwa:

- Welche Fähr-Routen und Fähr-Häfen gibt es?
- Welche Fährschiffe sind in Betrieb?
- Wie sehen die Küsten und Ufer aus, an denen ich vorbeifahre?
- Welche Einzelheiten und „Geheimnisse" der Fährschiffahrt gibt es, die mich interessieren könnten?
- Wo gibt es Oldtimer und andere Sehenswürdigkeiten der Schiffahrt?

Auf solche und andere Fragen gibt Ihnen dieses Buch Antworten. Wenn Sie Verbesserungsvorschläge zu diesem Buch haben, dann schreiben Sie uns bitte. Es ist hier wie beim Theater: Der Mime lebt nicht nur von, sondern auch mit seinem Publikum. Warum sollte es Autoren der Seefahrt anders gehen ? Vielleicht bringt dieses Buch auch die Schiffahrt und „de Lüüt an Land" einander näher.

Vorwort zur zweiten Auflage

Die erste Auflage war überraschend schnell vergriffen. Dies gab uns Mut, eine zweite vollständig überarbeitete Auflage herauszubringen. Sie enthält FARBFOTOS, der Text wurde auf den neuesten Stand gebracht, die Fährhäfen sind ausführlicher beschrieben und das Kapitel „Küsten und Ufer längs der Fährrouten“ wurde erweitert und neu gegliedert. Ferner haben wir ein Kapitel „Ein Blick in die Zukunft der Ostsee-Fährschiffahrt“ und ein Register hinzugefügt.
Auch in der zweiten Auflage haben wir, um das Lesen zu erleichtern, so wenig wie möglich seemännische Fachausdrücke verwendet, und wo unumgänglich, kurz erläutert. Statt "Steuerbord“ oder „Backbord“ heißt es also nach wie vor „Rechts bzw Links in Fahrtrichtung gesehen“.
Beim Schreiben der Ortsnamen sind weitgehend die Beschlüsse des UNO-Ausschusses für geographische Namen berücksichtigt. Diese empfehlen grundsätzlich das Verwenden der am Ort selbst üblichen Schreibweise. Soweit zum Verständnis nötig, ist auch die deutsche Schreibweise angegeben. Dies gilt insbesondere für Süd-Jütland und das Gebiet östlich der Oder.
Unser Dank gilt zahlreichen Fähr-Reedereien und Schiffahrtskreisen, die uns durch Überlassen von Fotos und durch viele Hinweise unterstützten. Weiterhin danken wir allen Lesern, die uns Anregungen und Verbesserungsvorschläge gaben.

Die beiden in diesem Buch sehr häufig verwendeten Begriffe SEEMEILE und KNOTEN sind zum leichteren Nachschlagen gleich hier angegeben:

1 Seemeile (sm) = 1,852 km = Entfernung
1 Knoten (kn) = 1 Seemeile pro Stunde = Geschwindigkeit
Beispiel: 20 kn = rd 37 km/h

Zarpen/Lübeck, Frühjahr 1988

G.Köhler/ L. Hankel / A. Schoon

2. Ein paar Hinweise vorweg

2.1 Die Ostsee und das Kattegat

Die **Ostsee** ist mit 422.000 qkm etwa 1,7 mal so groß wie die Bundesrepublik Deutschland. Ihre größte Ausdehnung von der Lübecker Bucht bis zum Nordufer des Bottnischen Meerbusens beträgt rund 1.500 km. Der südlichste Teil der Ostsee liegt bei Lübeck-Travemünde knapp südlich des 54. Breitengrades (der 54. Breitengrad verläuft durch das Ostseebad Timmendorfer Strand und ist in der dortigen Fußgängerzone durch einen breiten Streifen deutlich sichtbar markiert). Im Norden erstreckt sich die Ostsee bis etwa zum 66. Breitengrad nahe der schwedisch-finnischen Grenze. Der westlichste Teil der Ostsee liegt auf ca. 10 Grad östlicher Länge bei Fredericia (auf Jütland) und der östlichste Teil auf ca. 30 Grad östlicher Länge bei Leningrad in der UdSSR. Die mittlere Tiefe der Ostsee beträgt 55 meter. Die tiefsten Stellen der Ostsee liegen nördlich von Gotland (460 m) und vor Danzig/Gdansk (113 m). Der Salzgehalt der Ostsee ist sehr gering: In der westlichen Ostsee 0,8 %, bei Bornholm 0,3 % und weiter nördlich und östlich ist er – u.a. infolge des durch zahlreiche Flüsse zugeführten Süßwassers – noch geringer. Gezeiten fehlen fast ganz. Im Kattegat liegt der Tidenhub noch bei 20 cm und in der westlichen Ostsee nur bei 3 bis 4 cm.
Allerdings treten gelegentlich Wasserspiegelschwankungen durch Windstau auf, die in seltenen Fällen zu Sturmfluten geführt haben. Die letzte schwere Sturmflut trat im November 1872 ein. Damals blies der Wind 10 Tage lang aus südwestlicher Richtung und drückte das Wasser in den östlichen und nördlichen Teil der Ostsee. Anschließend drehte der Wind sehr rasch um 180 Grad und steigerte sich zu einem Nordoststurm, der die im Osten aufgestauten Wassermassen gegen die westliche Ostseeküste blies, so daß es dort zu großen Überschwemmungen kam. In dem großen Küstenstreifen zwischen der Insel Usedom über die Lübecker Bucht bis Jütland und dazu auf vielen dänischen Inseln trat das Wasser über die Ufer und richtete schwere Schäden an. Viele Orte an der Küste wurden zerstört, über 600 Schiffe strandeten oder wurden auf See beschädigt und fast 300 Menschen kamen ums Leben.
Der 5 km westlich von Travemünde gelegene Hemmelsdorfer See wurde damals mit salzhaltigem Ostseewasser überflutet. Da Salzwasser eine höhere Dichte als Süßwasser hat, sank das Ostseewasser bis auf den Grund des Hemmelsdorfer Sees und war erst 65 Jahre später wieder aus ihm verschwunden.
Eine in Lübeck am Gebäude des Hotels Jensen (gegenüber dem Holstentor) angebrachte Hochwassermarke erinnert noch heute an die Flutkatastrophe von 1872. Auch an einem Haus in Warnemünde (am linken Warnow-Ufer zwischen Fähranleger und Leuchtturm) ist ein Schild „Sturmflut 1872, 2,43 m über Normal" angebracht. Doch keine Angst: Im Sommer können derart extreme Windverhältnisse nicht eintreten und im Winter können notfalls Schiffahrt und Küstenbewohner mit Hilfe der heutigen Wetterbeobachtungen rechtzeitig gewarnt werden.

Und noch zwei Griffe in die Geschichte dieser Landschaft, soweit mit der Schifffahrt zusammenhängend:
Im Herbst 1806 kam der preußische General Blücher mit seinen von den Franzosen geschlagenen Truppen nach Lübeck. Es kam zu Gefechten zwischen Preußen und Franzosen im Lübecker Stadtgebiet. Blücher zog sich nach Norden zurück in der Hoffnung, seine Truppen mit Travemünder Fischerbooten nach Skandinavien retten zu können. Als ihm gemeldet wurde, daß in Travemünde keine Boote liegen – die Fischer waren offensichtlich gewarnt und vorher ausgelaufen – kapitulierte er im November 1806 vor dem französischen Marschall Bernadotte, dem späteren König von Schweden. Die Kapitulation geschah unter einer Eiche zwischen Bad Schwartau und Sereetz, die noch heute „Blücher-Eiche" heißt (an der B 207 nahe dem Autobahndreieck Sereetz).
Auch der Hemmelsdorfer See hätte beinahe „Geschichte gemacht": Napoleon erklärte 1807 Lübeck und das umliegende Gebiet zu französischem Staatsgebiet und gab einen Plan in Auftrag, den Hemmelsdorfer See zu einem Kriegshafen auszubauen. Infolge der Niederlage Napoleons 1812 in Rußland und des Rückzuges der Franzosen aus Deutschland 1813 ist dieser Plan nicht verwirklicht worden.

Der nördliche Teil der Ostsee mit dem Bottnischen, Finnischen und Rigaer Meerbusen ist im Winter bis zu 5 Monate mit Eis bedeckt. Und schließlich herrscht auf der fischreichen Ostsee eine lebhafte Fischereitätigkeit. Deutsche, dänische, schwedische, finnische, sowjetische und polnische Fischereifahrzeuge sind in großer Zahl auf See.

Für den ökologischen Schutz der Ostsee werden große Anstrengungen unternommen. Das Verklappen chemischer Stoffe ist seit Jahren verboten. Besonders wichtig ist gegenwärtig, das Einleiten von Phosphor und Stickstoff zu verringern. Auf der neunten Ostseeschutz-Konferenz im Februar 1988 in Helsinki haben sich die sieben Ostsee-Anrainerstaaten geeinigt, das Einleiten von Schadstoffen in die Ostsee bis 1995 zu halbieren. Dieses Konferenz-Ergebnis wurde von mehreren Seiten als nicht zufriedenstellend bezeichnet. Meldungen, die Ostsee stünde vor einem ökologischen Kollaps, sind allerdings unbewiesen.

Das **Kattegat** beginnt am Nordausgang des Großen Belts etwa bei Seelands Odde in Höhe des 56. nördlichen Breitengrades. Im Süden wird das Kattegat von der Nordküste Seelands, im Osten von der Westküste Schwedens, im Westen von der Ostküste Jütlands und im Norden durch eine gedachte gerade Linie begrenzt, die von Kap Skagen, dem nördlichsten Punkt Jütlands ostnordostwärts verläuft. Nördlich dieser Linie liegt das zur Nordsee offene Skagerrak.
Im südwestlichen Kattegat liegen zahlreiche kleine dänische Inseln, im offenen Seegebiet liegen die dänischen Inseln Hesselö, Anholt und Laesö.
Das Kattegat hat zahlreiche Flachwassergebiete, z. B. im Bereich der Inseln Anholt und Laesö und vor der jütländischen Küste, so daß große Fährschiffe es nicht beliebig überqueren können, sondern bestimmte Schiffahrtswege einhalten müssen.

2.2 Fähr-Routen früher und heute

Die Vorgänger der heutigen Fährschiffe waren Passagierdampfer, die im 19. Jahrhundert aufkamen. Ab 1824 fuhr ein Raddampfer trave-abwärts von Lübeck und 1831 wurde ein Liniendienst mit Passagierdampfern von Lübeck-Travemünde nach St. Petersburg, Riga und Reval eingerichtet. Die ersten Fährschiffe – als Eisenbahnfährschiffe gebaut – befuhren zu Beginn des 20. Jahrhunderts u.a. die Fährrouten Saßnitz-Trelleborg und Warnemünde-Gedser. In den 30-iger Jahren kam der „Seedienst Ostpreußen“ (Travemünde-Ostpreußen) hinzu, für den damals in Travemünde der Ostpreußenkai (an der Straße „Vorderreihe“ unmittelbar flußabwärts von der Priwallfähre gelegen) gebaut wurde; heute legen dort Ausflugsschiffe an. In den frühen 50-iger Jahren wurden erstmals PKW auf Ostseeschiffen befördert, damals noch mit Bordkränen verladen. Eine entscheidende Verbesserung brachte wenig später der Bau von Autofähren; sie waren so gebaut, daß PKW, LKW und Busse unmittelbar auf die Decks der Fährschiffe fahren konnten. Die Zeit für das Ein- und Ausladen konnte hierdurch fühlbar verringert werden.

Wieviele Fähr-Routen gibt es gegenwärtig auf der Ostsee? Diese Frage ist nicht ganz einfach zu beantworten. Die Broschüre “Fährdienste Europa“ des Seepassage-Komitees Deutschland nennt rund 80 Hochsee-Fährrouten auf der Ostsee. Hinzu kommt noch eine große Zahl von Kleinfährschiffen für den Regionalverkehr. Verbindliche und ausführliche Angaben über die Ostsee-Fährrouten (Abfahrtzeiten, Fahrzeiten, Fahrpreise u.ä.) erhalten Sie insbesondere durch zwei Schriften:

- Broschüre „Reisewege nach Skandinavien“ der FAST REISEN, Alstertor 21, 2000 Hamburg 1, Tel. 040/ 30 90 30
- Broschüre „Fährdienste Europa“ des Seepassage-Komitees Deutschland, Esplanade 6, 2000 Hamburg 36, Tel. 040/34 21 50

Beide Broschüren erscheinen jährlich neu und werden gegen Schutzgebühr abgegeben.

Eine Beschreibung aller Ostsee-Fährrouten ginge über den Umfang dieses Buches hinaus. Wir beschränken uns deswegen beim Darstellen der Fährrouten im Kap. 5 auf die in den bundesdeutschen Fährhäfen GELTING, KIEL, PUTTGARDEN und TRAVEMÜNDE beginnenden Fährrouten; hinzu kommen noch Fährrouten, die in LÜBECK-NORDLANDKAI und in den DDR-Fährhäfen MUKRAN, SASSNITZ und WARNEMÜNDE beginnen (Bild 2.1).

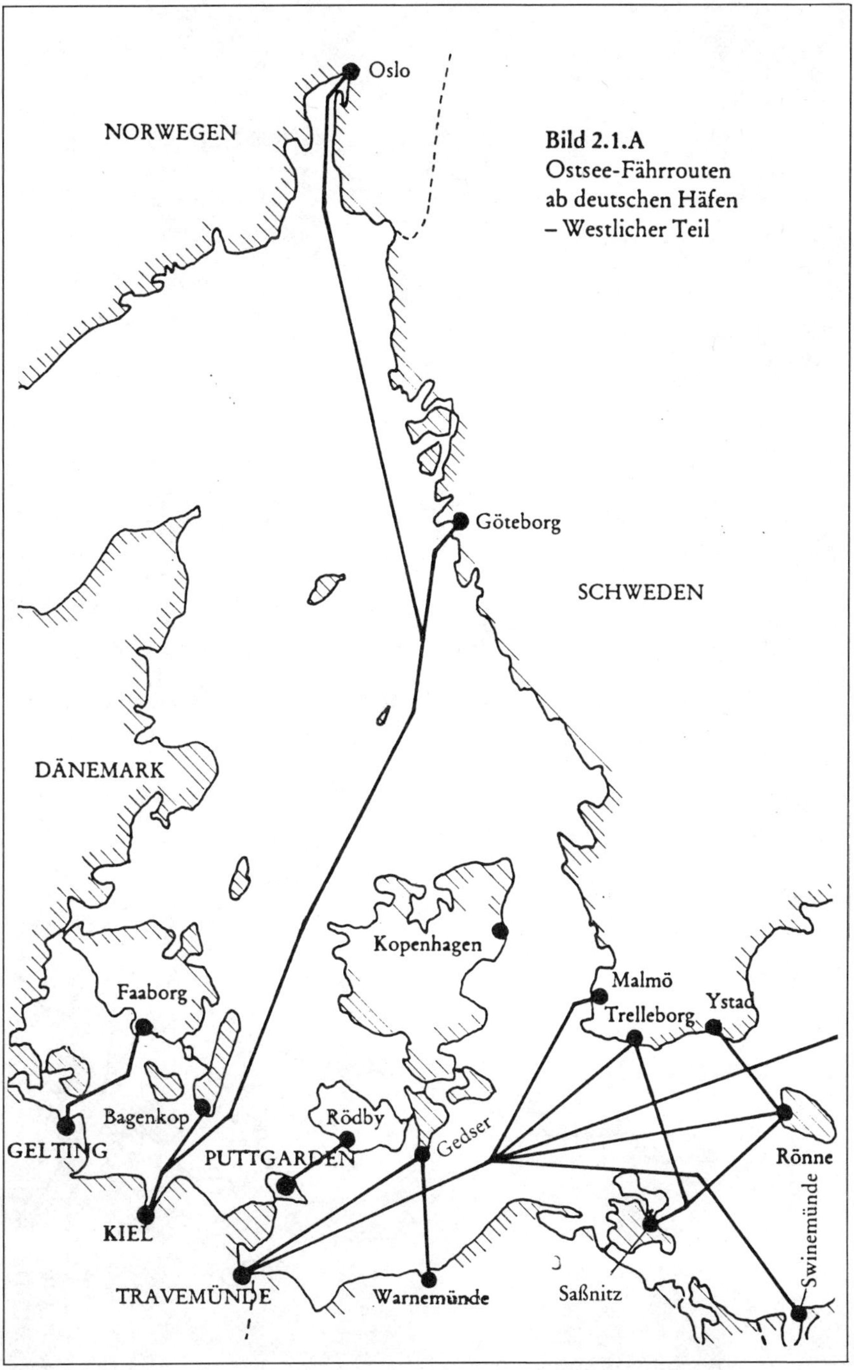

Bild 2.1.A
Ostsee-Fährrouten
ab deutschen Häfen
– Westlicher Teil

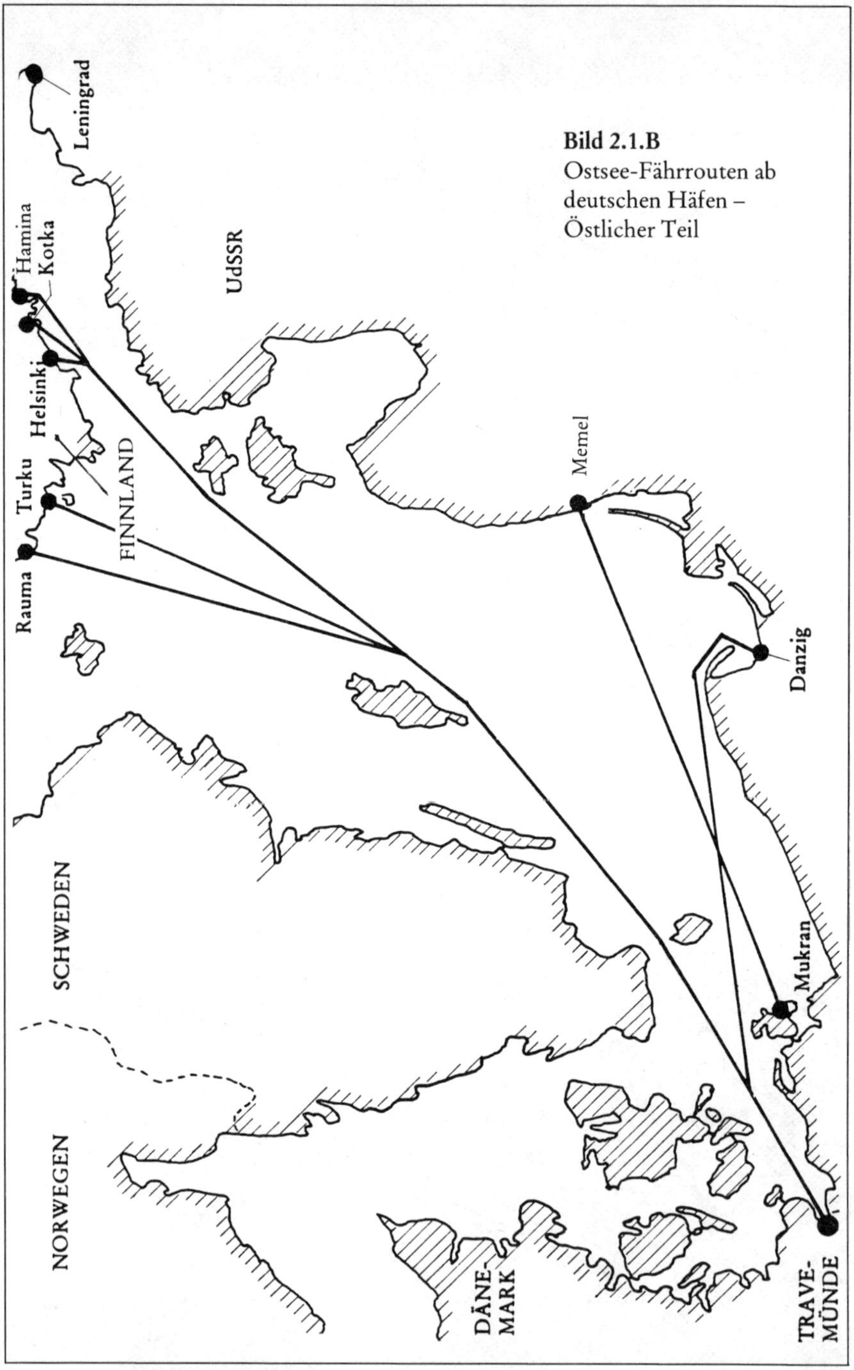

Bild 2.1.B
Ostsee-Fährrouten ab deutschen Häfen – Östlicher Teil

2.3 Tips für die Reiseplanung

- Fragen Sie ein einschlägig erfahrenes Reisebüro nach der für Ihr Reiseziel günstigsten Fährroute.
- Der ADAC gibt seinen Mitgliedern kostenlos Routenberatungen.
- Die meisten Fährrouten sind ganzjährig, einige nur im Sommer oder nur in der Ferienzeit in Betrieb.
- Die Auslastung der Fährschiffe ist unterschiedlich. Deswegen ist ratsam, daß Sie Ihre Fährreise **so früh wie möglich** buchen. Zwar ist oft noch unmittelbar vor Abfahrt des Fährschiffes ein Platz auf ihm zu bekommen, gewiß ist dies jedoch nicht.
- Halten Sie die im Fahrplan oder vom Reisebüro angegebene Ankunftszeit im Fährhafen, die je nach Fährroute $^1/_2$ bis 2 Stunden früher als die Abfahrtzeit des Fährschiffes liegt, unbedingt ein. Wer zu spät kommt, kann seinen Beförderungsanspruch verlieren. Kalkulieren Sie Staus auf Ihrer Anfahrtstrecke ein.
- Die Häufigkeit der Abfahrten der Fährschiffe richtet sich nach der Länge der Fährroute: Je kürzer die Fährroute, um so häufiger fahren die Fährschiffe und umgekehrt. Auf der sehr kurzen Fährroute Puttgarden-Rödby zB fahren täglich je nach Jahreszeit 28 bis 42 Fährschiffe. Auf den Mittelrouten (zB Travemünde-Trelleborg) gibt es zwei bis drei Abfahrten pro Tag, auf den langen Routen (zB Kiel-Oslo) eine Abfahrt täglich und auf der Route Travemünde-Helsinki drei bis vier Abfahrten pro Woche. Auf einigen anderen Routen (zB Travemünde-Bornholm, Travemünde-Danzig) fährt nur ein- bis zweimal pro Woche ein Fährschiff. Richtwerte für Abfahrtzeiten, Fahrzeiten und Fahrpreise zeigen die beiden folgenden Kästen.
- Achten Sie auf die vielen Sondertarife und Wintertarife, die an unterschiedliche Bedingungen geknüpft sind. Abfahrttermine, Abfahrtzeiten, Anzahl der Mitreisenden, Alter der Kinder, Größe des Fahrzeugs, gleichzeitige Buchung von Hin- und Rückfahrt und die Art der Unterbringung an Bord (besonders bei Nachtfahrten) spielen hierbei eine Rolle.
- Die Seekrankheit ist auf Ostseefährschiffen selten geworden; wer aber hiergegen empfindlich ist, nehme Reisetabletten mit.
- Das Verladen der Autos auf die Fährschiffe ist sehr einfach. Man fährt vorne oder seitlich in das Schiff hinein und hinten heraus - oder umgekehrt ("First-in-first-out").
- Auf Fährschiffen, die internationale Gewässer befahren, gibt es meist Duty-free-Shops.
- Wenn das Auto an Bord beschädigt wird, entsteht die Frage, wer hierfür aufkommen muß (Andere Autofahrer? Reederei? sonstige Dritte?). Der Vorsich-

Route	Abfahrten ab deutschen Fährhafen	Fahrzeit ca. Stunden
Gelting–Faaborg	Juni–August 3 x täglich übrige Jahreszeiten 1–2 x täglich	2 Std. 10 Min.
Kiel–Bagenkop	3 x täglich	$2^{1}/_{2}$
Kiel–Göteborg	täglich abends	14
Kiel–Oslo	täglich mittags (Sa auf Anfrage) *)	19
Puttgarden–Rödby	tägl. 28 bis 42 Abfahrten	1
Travemünde–Gedser	täglich 4 bis 5 Abfahrten	$3^{1}/_{2}$
Travemünde–Trelleborg	täglich vormittags und abends Juni bis August zusätzlich nachmittags	$7^{1}/_{2}$ bzw. $9^{1}/_{2}$
Travemünde–Helsinki	Juni–August 3–4 x *) wöchentlich abends. Andere Jahreszeiten 2–3 x wöchentlich abends	23 bzw. *) 38
Travemünde–Bornholm	Juni–August Freitag + Samstag abends	10
Travemünde–Swinemünde	Juni–September Donnerstag abends	11
Travemünde–Danzig	Juni–September Sonntag abends	22

*) genauere Angaben siehe Schiffsfahrplan

Abfahrten und Fahrzeiten (Richtwerte ohne Gewähr)

	Fahrpreise für Hin- und Rückfahrt (DM) in der Hochsaison	
Route	1 Person	1 Pkw
Puttgarden–Rödby	16,–	102,– bis 153,– inkl. 5 Personen
Travemünde–Trelleborg	172,– (Kabinenzuschläge pro Person ab 28,– bis 184,– DM)	tags 86,– nachts 172,–
Travemünde–Helsinki	460,– (Liegesessel) Kabinenzuschläge: A-Kabine außen m. Dusche und WC belegt mit 4 Personen à Person 810,–	380,–

Richtwerte für Fahrpreise auf Ostsee-Fährschiffen (Beispiele).

tige schließe eine Seetransportversicherung ab, die rd 1.-DM pro 1000.-DM Versicherungssumme kostet.

- Auf vielen Fährschiffen gibt es für die Fahrgäste Räume mit nach vorne gerichteten großen Fenstern zum Beobachten der Fährroute. Entweder ist dies ein Restaurant oder ein besonderer Raum, meist "Panoramaraum" genannt. Der Panoramaraum ist manchmal mit einem Radar-Bildschirm ausgerüstet, der das gleiche Bild zeigt, wie der Radarschirm auf der Kommandobrücke, so daß die Fahrgäste genau verfolgen können, wo das Fährschiff sich gerade befindet und welche Ufer rechts und links liegen. Einige Fährschiffe haben vorne unterhalb der Kommandobrücke quer über das Schiff eine balkon-artige offene Galerie für die Fahrgäste, von der man ebenfalls eine gute Sicht auf die voraus liegenden Wasserflächen, Küsten und Ufer hat. Befahren Sie eine Fährroute zum ersten Mal und möchten Sie Küsten und Ufer genau beobachten? Dann sei Ihnen ein Aufenthalt im Panoramaraum oder auf der Galerie sehr empfohlen. Sie müssen diese Stellen nur frühzeitig aufsuchen, denn der Platz dort ist begrenzt.

Zu Ihrer Sicherheit beachten Sie bitte:

- Das Betreten der Fahrzeugdecks ist auf See nicht gestattet. Packen Sie alles, was Sie auf dem Fährschiff brauchen, rechtzeitig zusammen und nehmen Sie es aus Ihrem Auto heraus.
- Auch das Mitführen gefüllter Reservekanister ist auf Fährschiffen nicht erlaubt. Erkundigen Sie sich schon beim Buchen über die Bedingungen für das Mitnehmen von Campinggas.

Und schließlich:

- Beachten Sie die unterschiedlichen Ortszeiten. In Finnland gilt die Osteuropäische Zeit (Eine Stunde früher als Mitteleuropäische Zeit).
- In einigen Fährhäfen ist für wartende Autofahrer ein Service eingerichtet. Kleine Hand- oder Elektrokarren fahren zwischen den wartenden Autos hindurch und verkaufen Zeitungen, Getränke, in einigen Häfen auch Kraftstoff.
- Für Kinder, Bastler und als Reise-Erinnerung sind auf einigen Fährschiffen (u.a. auf den Routen Kiel-Göteborg und Knudshoved-Halsskov) vorgefertigte Fährschiffmodelle aus Karton erhältlich, die leicht und ohne Werkzeug zusammengebaut werden können (Länge zusammengebaut 50 bis 60 cm).
- **Sonne, Mond und Sterne:** Mondscheinfahrten auf See sind ein Naturerlebnis besonderer Art. Wer es fertigbringt, in einer hellen Mondnacht einige Zeit die See zu beobachten, wird für diese Mühe reichlich belohnt. Es muß nicht genau die Vollmondnacht sein, auch die 2 bis 3 Nächte davor und danach bieten dieses Naturerlebnis. Die Daten der Vollmondnächte liegen wie folgt:

1988	1989[1]	1990[1]	1991
4. Januar 2. Februar 3. März 2. April 2. Mai 31. Mai 29. Juni 29. Juli 27. August 25. September 25. Oktober 23. November 23. Dezember	21. Januar 20. Februar 21. März 20. April 19. Mai 17. Juni 17. Juli 15. August 13. September 13. Oktober 12. November 12. Dezember	11. Januar 9. Februar 11. März 9. April 9. Mai 7. Juni 6. Juli 5. August 3. September 3. Oktober 1. November 1. Dezember 31. Dezember	
= 13 Vollmond-nächte	= 12 Vollmond-nächte	= 13 Vollmond-nächte	

[1] Errechnet aus Neumond-Datum plus 14 Tage; die genauen Daten liegen in einigen Monaten 1 bis 2 Tage später.
Mondfinsternisse, von Europa aus sichtbar: 20. 2. 1989 – 17. 8. 1989 – 9. 2. 1990

Weitere Angaben erfahren Sie bei einer Sternwarte oder aus einem Himmelskalender.
Schon wenige Minuten nach dem Mondaufgang ist die Mondkugel dicht über dem Horizont deutlich sichtbar, wenngleich anfangs noch mit geringer Helligkeit. Die Mondkugel steigt rasch höher und hat nach etwa einer Stunde schon eine beachtliche Helligkeit, einhergehend mit einer hellen Spiegelung des Mondlichtes im Wasser.
Die Vollmondnächte sind auf dem Fährschiff schon ausgebucht oder stark bewölkt? Dann läßt sich der Mond vielleicht einige Tage später am Urlaubsort vom Ufer aus beobachten. Suchen Sie ein Ufer, das nach Osten oder Süden zur See hin offen ist und dort eine hochgelegene Stelle (Steilufer, Hotelbalkon) auf. Wesentlich ist außerdem, daß keine anderen störenden Lichtquellen in der Nähe sind. Wer eine Vollmondnacht nicht erleben kann, wird durch das Beobachten des **Sonnenaufgangs oder -untergangs** auf See reichlich entschädigt.
Von den zahlreichen Sternen sei nur der **Polarstern** erwähnt, weil er einen besonderen Bezug zur Schiffahrt hat, jedenfalls auf der nördlichen Erdhalbkugel. Den Polarstern findet man leicht, wenn man die beiden hinteren Kastensterne des Sternbilds „Großer Wagen“ untereinander mit einer geraden Linie verbindet und diese Strecke fünfmal von den gedachten Rädern des Großen Wagens weg nach oben verlängert.

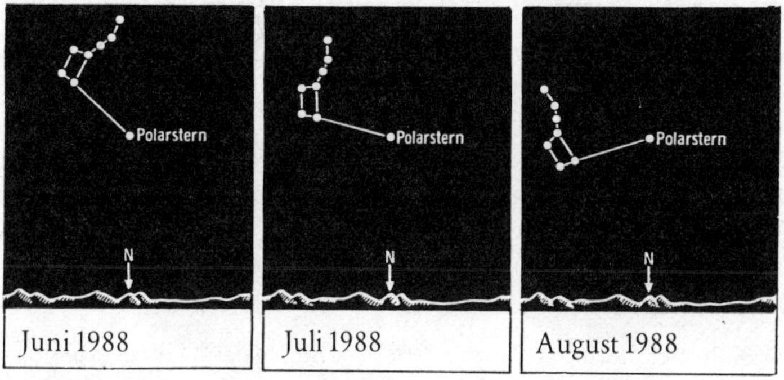

Der Große Wagen ist von Mitteleuropa aus das ganze Jahr hindurch sichtbar. Der Polarstern steht (fast) genau im Norden. Hat man ihn einmal gepeilt, dann ergeben sich die anderen Himmelsrichtungen schnell: Rechts ist Osten, links Westen und hinter dem Beobachter Süden. Außerdem steht der Polarstern gegenüber dem Horizont unter einem bestimmten Höhenwinkel und dieser Höhenwinkel ist identisch mit dem nördlichen Breitengrad, auf dem der Beobachter sich befindet. Der Polarstern steht also im Ostseeraum gegenüber dem Horizont unter folgenden (ungefähren) Höhenwinkeln:

Südl. Lübecker Bucht 54 Grad
Großer Belt und Bornholm 55 Grad
Südl. Kattegat und Südspitze Ölands 56 Grad
Kap Skagen und Nordspitze Gotlands 58 Grad
Oslo und Helsinki 60 Grad

Den Zusammenhang zwischen dem Höhenwinkel des Polarsterns und dem nördlichen Breitengrad nutzte die Schiffahrt früher, als es noch keine neuzeitlichen Navigationsverfahren gab, bei Fahrten übers Meer in west-östlicher und ost-westlicher Richtung, wenn kein Land in Sicht war. Wollte ein Schiff zB von Lissabon nach New York fahren, wurde unterwegs möglichst häufig der Höhenwinkel des Polarsterns, der für diese beiden Städte ca 40 Grad beträgt, gemessen. Dann war man auch ohne Kompaß sicher, auf hoher See keine größeren Umwege oder gar im Kreis herum zu fahren. Natürlich war diese einfache „Navigation" unsicher, weil wetterabhängig. Bei Nebel oder Wolkenbildung konnte sie nicht angewendet werden.

- Schlechte Sicht auf See – Was tun? Dieses Buch möchte informieren und versteht sich nicht als Schönwetterprospekt. Deswegen sagen wir es ehrlich: Es gibt auf der Ostsee gelegentlich dichten Nebel oder tiefhängende Wolken, so daß ein Beobachten der Küsten und Ufer vom Fährschiff aus erschwert oder unmöglich werden kann. Wenn am Tag der Ostseereise solches Wetter herrscht, ist dies für den Fahrgast schlichtes Pech. Muß man dann auf jeden Eindruck der Ostseelandschaft verzichten? Nein, es gibt einige Ersatzlösungen:

Suchen Sie an einem Tag mit besserem Wetter im Zielland oder nach Rückkehr in die Bundesrepublik eine möglichst hoch gelegene Stelle in Küstennähe auf und beobachten Sie von dort See, Küsten und Ufer. An der bundesdeutschen Ostseeküste kommen hierfür u.a. in Frage:

Das Aussichtsrestaurant im Hotel Maritim Travemünde Das Brodtener Steilufer nördlich von Travemünde Der Holsteinturm bei Sierksdorf Der Turm des Marine-Ehrenmals Laboe Das Steilufer bei Schwedeneck	Näheres vgl. Kap.7

In der Nähe der meisten Fährhäfen im In- und Ausland gibt es Ausflugsfahrten mit Passagierschiffen. Diese Fahrten haben unterschiedlich lange Dauer (zwischen einer Stunde und 12 Stunden), verlaufen meist dicht unter Land und vermitteln einen guten Eindruck der regionalen Ostseelandschaft. Näheres vgl. Kap.7.

Auch auf die Möglichkeit eines Rundfluges längs der Ostseeküste ab Lübeck, Kiel-Holtenau oder Flensburg sei hingewiesen. Zwar ist Fliegen teuer (pro Flugstunde DM 180,– bis 200,–), aber soo teuer auch wieder nicht, wenn man bedenkt, daß das Flugzeug 3 Passagiere mitnehmen kann. Näheres vgl. Kap. 7.

Läßt sich ein solches nachträgliches Besichtigen, etwa aus Zeitgründen, nicht durchführen, so gibt es für nachträgliche Reise-Erinnerungen mehrere Luftbild-Atlanten mit vielen Farbfotos der Ostseelandschaft (vgl. Anhang LITERATUR).

- Für Fahrgäste, die mit dem Reisewetter Pech haben, aber ein Trost: Es gibt auf der Ostsee nicht selten Wetterlagen, bei denen die Sicht so klar ist, daß man hohe Küsten und Landmarken (zB das Hotel Maritim Travemünde, das Marine-Ehrenmal Laboe, die Steilufer auf den Inseln Mön und Bornholm) über Entfernungen von ca 40 km deutlich sehen kann. An besonders klaren Tagen (zB nach einem Gewitter) kann die Sichtweite sogar bis zu 50 km betragen.

3. Ostseefährhäfen in der Bundesrepublik

Die vier bundesdeutschen Fährhäfen GELTING, KIEL, PUTTGARDEN und TRAVEMÜNDE hatten in den letzten Jahrzehnten enorm steigende Passagierzahlen zu verzeichnen. Gegenwärtig werden alljährlich rund 10 Mio Fahrgäste befördert. Den größten Anteil hat Puttgarden, gefolgt von Travemünde und Kiel. Einige Fährschiffe nach Finnland fahren nicht ab Travemünde, sondern ab dem im Lübecker Stadtgebiet gelegenen Lübeck-Nordlandkai.

Gelting Mole

Der Fährhafen Gelting Mole liegt 2 km westlich der Gemeinde Gelting in der Geltinger Bucht und ist Ausgangspunkt für die Fährroute Gelting-Faaborg. Anfahrt: Von Hamburg über die BAB A7 (E 3) bis AS Tarp, weiter die Landstraße über Sörup bis Steinbergkirche, dann B 199 bis Gelting Mole (Hamburg-Gelting 167 km). Von Sylt B 199 über Niebüll und Flensburg (Niebüll-Flensburg 75 km).

Kiel

Der Fährhafen Kiel liegt an der Westseite der Kieler Förde und besteht aus dem Oslokai und dem Schwedenkai. Er ist Ausgangspunkt für die Fährrouten Kiel-Bagenkop, Kiel-Göteborg und Kiel-Oslo. Die früheren Routen Kiel-Korsör, Kiel-Nakskov und Kiel-Nyborg sind zur Zeit nicht in Betrieb. Die Tradition des Fährhafens Kiel ist lang: Schon 1847 war ein Raddampfer auf der Route Kiel-Oslo (damals Kristiania) in Betrieb. 1961 wurde der Oslokai und 1982 der Schwedenkai in Betrieb genommen. Der Oslokai, ursprünglich auch Abfahrthafen für die Fährschiffe nach Schweden, wurde mehrmals umgebaut und erweitert und ist heute durch völlige Trennung von Passagieren und rollender Ladung gekennzeichnet. Infolge des stark gestiegenen Fährverkehrs hatte er in den frühen 80-iger Jahren seine Kapazitätsgrenze erreicht, so daß für die Fährroute Kiel-Göteborg ein Neubau, der nahe gelegene Schwedenkai, erforderlich wurde, bei dem ebenfalls die Zugänge für Passagiere und Fahrzeuge getrennt sind.

Die ab Kiel fahrenden Fährschiffe verkehren also gegenwärtig:

- Kiel–Oslo und Kiel–Bagenkop: Ab Oslokai
- Kiel–Göteborg: Ab Schwedenkai

Der Oslokai und der Schwedenkai haben überdachte glasverkleidete Fußgängerzugänge zu den Fährschiffen, geräumige Empfangshallen und Rolltreppen für die Passagiere und für die Kraftfahrzeuge große Stellplätze unmittelbar vor den Einfahrten in die Fährschiffe.

Auf dem Oslokai wurden 1987/88 umfangreiche Erweiterungsarbeiten durchgeführt; u.a. wurde die Passagierhalle völlig umgebaut und ein Speditionszentrum geschaffen.

Der Schwedenkai hat Eisenbahnanschluß. Die Deutsche Bundesbahn bringt auf Bestellung einzelne Schnellzugwagen oder ganze Sonderzüge zum Bahnsteig Kiel-Schwedenkai, so daß zB Reisegruppen von der Eisenbahn direkt auf die Fährschiffe (oder Kreuzfahrschiffe) umsteigen können; auch Güterwagen können direkt auf den Schwedenkai gebracht werden.

Für die Anfahrt zum Fährhafen Kiel wählen Sie (Bild 3.1):

- Aus Richtung Hamburg und Flensburg die BAB 7 bis AS Kiel-Zentrum, weiter siehe Bild 3.1 (Hamburg-Kiel 87 km).
- Aus Lübeck (über Bad Segeberg) die B 404 (Lübeck-Kiel über Bad Segeberg 88 km)
- Aus Rendsburg und Puttgarden die B 202 (Rendsburg-Kiel 34 km; Puttgarden-Kiel 85 km)
- Aus Eckernförde und aus Lübeck (über die Holsteinische Schweiz) die B 76 (Eckernförde-Kiel 28 km; Lübeck-Kiel über Holsteinische Schweiz 86 km)

Puttgarden

Der Fährhafen Puttgarden (Bild 3.2) ist Ausgangspunkt für die Fährroute Puttgarden-Rödby über den 19 km breiten Fehmarnbelt; die Überfahrt dauert rund 50 Minuten. Die Beförderungszahlen auf dieser Fährroute sind beeindruckend: Bereits 1964 waren es 3,1 Mio und 1987 7 Mio Reisende. Das ist mehr als auf den sehr viel älteren England-Fährrouten Hoek van Holland-Harwich, Ostende-Dover oder Calais-Dover. Zeitweise sind auf dem Fehmarnbelt 7 Fährschiffe gleichzeitig in Betrieb.

Anfahrt: Von Hamburg und Lübeck über BAB 1 (E 4) bis Oldenburg/Holstein, weiter über B 207 bis Puttgarden (Hamburg-Puttgarden 137 km; Lübeck-Puttgarden 81 km).

Wir betrachten den Fährhafen Puttgarden im Zusammenhang mit der Vogelfluglinie (so genannt, weil die Zugvögel die Linie Seeland-Lolland-Fehmarn-Ostholstein und dabei die Insel Fehmarn als „Inselbrücke" nehmen). Wenn man mit dem Auto aus Richtung Hamburg/Lübeck kommt, erreicht man an der Nordostspitze des Festlands, zwischen den Orten Heiligenhafen (links) und Großenbrode (rechts) hindurchfahrend etwa 15 km vor Puttgarden eines der bekanntesten Bauwerke Europas:

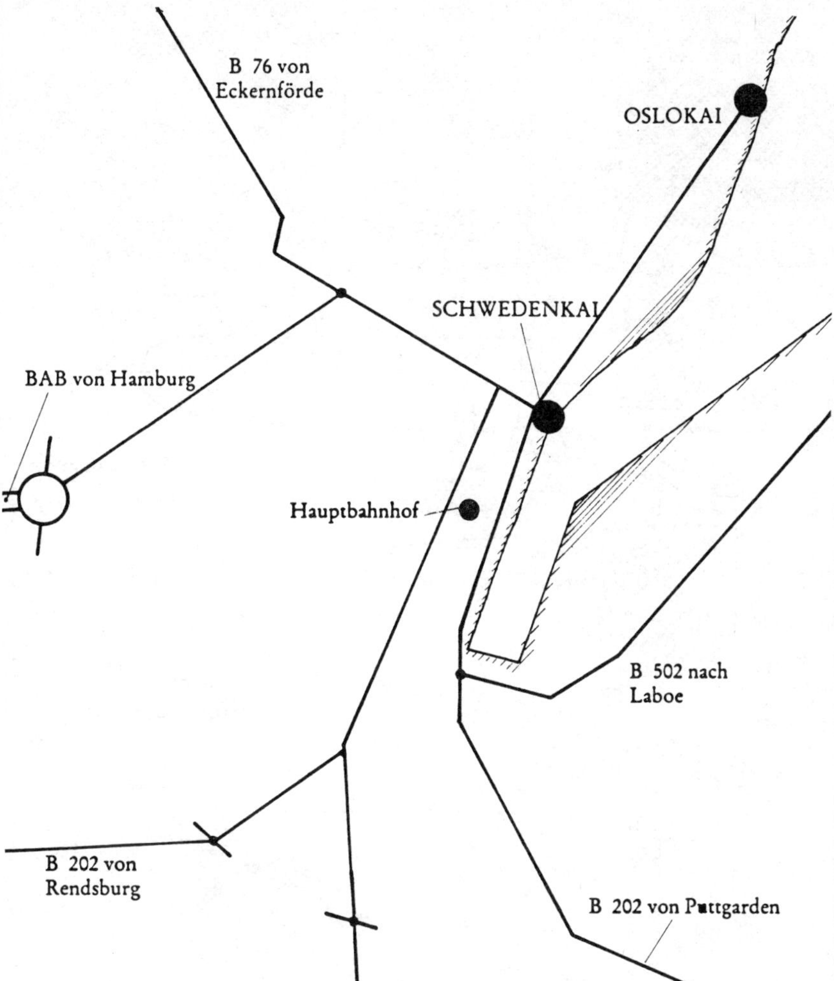

Bild 3.1
Anfahrt zum Fährhafen Kiel

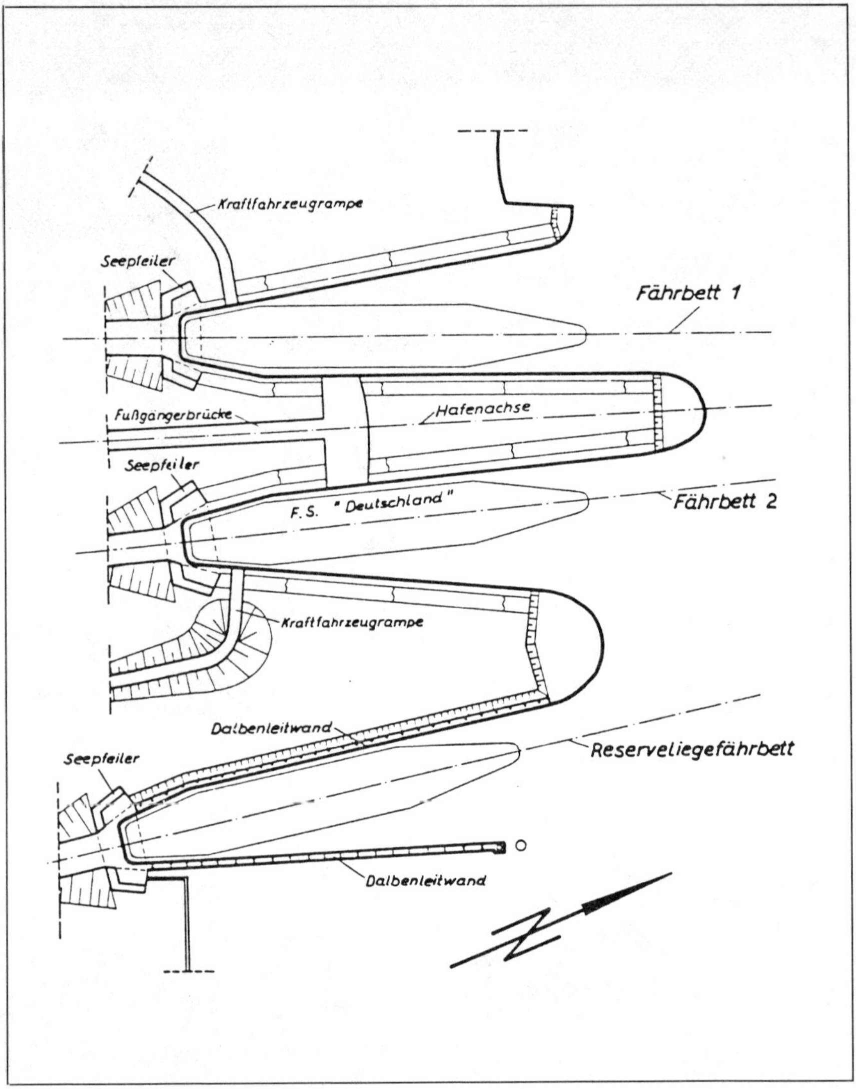

Bild 3.2 Der Fährhafen Puttgarden
Er ist mit Leit- und Anlegewänden ausgerüstet und hat deswegen sog. Fährbetten. Leit- und Anlegewände sind unter 15 Grad gegeneinander geneigt. Zusätzlich ist die Form der Schiffsrümpfe den Fährbetten angepaßt; die hier anlegenden Fährschiffe haben an Bug und Heck schräge Seitenflächen und sind sämtlich gleich breit. Diese gegenseitige Abstimmung von Fährschiffen und Fährhäfen verkürzt den Zeitbedarf beim An- und Ablegen, was auf der kurzen Route Puttgarden–Rödby sehr willkommen ist.
Das vierte, im Herbst 1988 in Betrieb gehende Fährbett ist auf diesem Bild noch nicht eingezeichnet; es liegt westlich des Fährbetts 1 (Deutsche Bundesbahn)

Die Fehmarnsundbrücke

Kurz zu ihrer Vorgeschichte: Ob der Fehmarnsund (heutige Breite 1300 meter) vor 1000 bis 1200 Jahren noch so flach war, daß man mit dem Wagen hinüberfahren konnte, ist zweifelhaft. 1865 hat ein Ingenieur aus Glückstadt vorgeschlagen, eine Eisenbahnlinie Hamburg-Kopenhagen zu errichten (Das Gebiet des heutigen Bundeslandes Schleswig-Holstein gehörte bis auf Lübeck bis 1864 zu Dänemark). Hierzu sollte damals im Fehmarnsund ein Damm erbaut und der Fehmarnbelt mit einer Eisenbahnfähre überwunden werden. Nachdem Anfang des 20. Jahrhunderts die Fährrouten Saßnitz-Trelleborg und Warnemünde-Gedser eingerichtet waren, gründeten Hamburger, Lübecker und Kopenhagener Kreise ein "Deutsch-dänisches Komitee zur Förderung der Fehmarnlinie". 1905 wurde eine Eisenbahnfähre über den Fehmarnsund eingerichtet. Als in den 30-iger Jahren die ersten Autobahnen entstanden, interessierte man sich erneut für eine Verbindung mit Skandinavien über die Insel Fehmarn und begann mit ersten Bauarbeiten, die aber nach Beginn des II. Weltkrieges eingestellt wurden. 1958 wurden die alten Ideen wieder aufgegriffen. Für die Überbrückung des Fehmarnsundes wurde ein Wettbewerb ausgeschrieben, bei dem der Entwurf der Gutehoffnungshütte/Oberhausen preisgekrönt und ausgeführt wurde. Die auf sieben Pfeilern und zwei Rampen liegende 963 meter lange Fehmarnsundbrücke (wegen ihrer Form auch „Kleiderbügelbrücke" genannt) hat eine 248 meter breite und 23 meter hohe Hauptdurchfahrtsöffnung für die Schiffahrt. An den beiden Bögen (Scheitelhöhe 69 m) ist die 21 m breite Fahrbahn mit Stahlseilen (Dicke 69 bis 104 mm) aufgehängt. Die Seile verlaufen über Kreuz und bilden ein Rautenmuster. Diese Konstruktion erforderte wenig Material und erlaubt den Brückenpassanten einen ungehinderten Ausblick. Die Fehmarnsundbrücke wurde mit einem Aufwand von 45 Mio DM im Frühjahr 1963 fertiggestellt.

Zeitgleich mit der Fehmarnsundbrücke wurden in Puttgarden und Rödby Fährhäfen und Fährbahnhöfe gebaut. Wegen der starken Strömung im Fehmarnbelt bekamen beide Fährhäfen große zangenartige Molen, die die Fährhäfen vor Seegang und Versandung schützen und deren Durchfahrtöffnungen nur 85 meter breit sind. Gegenwärtig sind in Puttgarden drei Fährbetten in Betrieb, ein viertes wird im Spätsommer 1988 in Betrieb genommen (Bild 3.2). In Puttgarden fahren Autos und Eisenbahnwagen (die hier eingesetzten Fährschiffe befördern regelmäßig ganze Schnellzüge, zB den IC-Zug Hamburg-Kopenhagen) über Heck (oder Bug) an Bord; die Fußgänger gelangen von der Seite über eine Brücke auf das Schiff. Im Fährbahnhof Puttgarden sind 22 km Gleise verlegt.

Die Fährroute Puttgarden-Rödby wurde im Mai 1963 eröffnet, ersetzt seither die frühere Fährroute Großenbrode-Gedser und verkürzt die Fahrzeit für Auto und Eisenbahn von Deutschland nach Dänemark gegenüber früher um mehr als zwei Stunden.

Die Deutsche Bundesbahn hat 1987 ein rechnergesteuertes Verkehrslenk- und Informationssystem für den Fährbahnhof Puttgarden in Betrieb genommen, das die Disponenten ständig über vorhandene Fährkapazitäten und wartende Fahrzeuge informiert. Dieses vollautomatische System hält auch in absoluten Spitzenzeiten den Stau vor dem Fährhafen Puttgarden auf unter 5 kmLänge. Außerdem sind auf dem Fährhafen 1200 Auto-Stellplätze vorhanden.

Travemünde/Skandinavienkai

Anfahrt: Von Hamburg über BAB A 1 (E 4) bis Autobahndreieck Sereetz, weiter über BAB in Richtung Travemünde bis AS Skandinavienkai (Hamburg-Travemünde 70 km).

1962 errichtet, besteht der Skandinavienkai in Travemünde 1988 aus sieben Fähranlegern – d.h. sieben Fährschiffe können dort gleichzeitig liegen – und er ist der größte Fährhafen Europas. Er besitzt Eisenbahnanschluß (gegenwärtig nur Güterverkehr). Die Fähranleger 2 sowie 4 bis 6 sind mit überdachten glasverkleideten Fußgängerzugängen ausgestattet, damit die Passagiere wettergeschützt auf die Fährschiffe gehen können (Bild 3.3).

Das erste Fährschiff, die damalige NILS HOLGERSSON (3300 BRT) legte im März 1962 vom Skandinavienkai ab. Es konnte 800 Passagiere und 140 PKW oder 17 LKW befördern. Vergleichen Sie dieses Schiff einmal mit den im Kapitel 4 genannten heutigen Schiffsgrößen.

Auch der Verkehrszuwachs ist beachtlich: Wurden 1962 noch 163.000 Reisende in beiden Richtungen befördert, so sind es heute etwa 2 Mio jährlich. Noch deutlicher zeigt sich die Bedeutung des Skandinavienkais im Güterverkehr: 1969 wurden erstmalig über 1 Mio t befördert, 1987 waren es 6,1 Mio t.
Am Skandinavienkai legen im Sommer täglich bis zu 20 Fährschiffe nach bzw von Dänemark, Schweden, Finnland und Polen an und ab.

Der Skandinavienkai wird laufend erweitert. Das Rahmenkonzept "Skandinavienkai 2000" sieht weitere Fähranleger, außerdem neue Hotels und Promenaden vor (vgl. auch Kap.9).

Der Hafen **Lübeck-Nordlandkai** liegt, wie erwähnt, im Lübecker Stadtgebiet. Anfahrt: Von Hamburg über BAB A 1 bis AS Bad Schwartau, weiter B 207 in Richtung Lübeck (Hamburg-Lübeck 60 km).

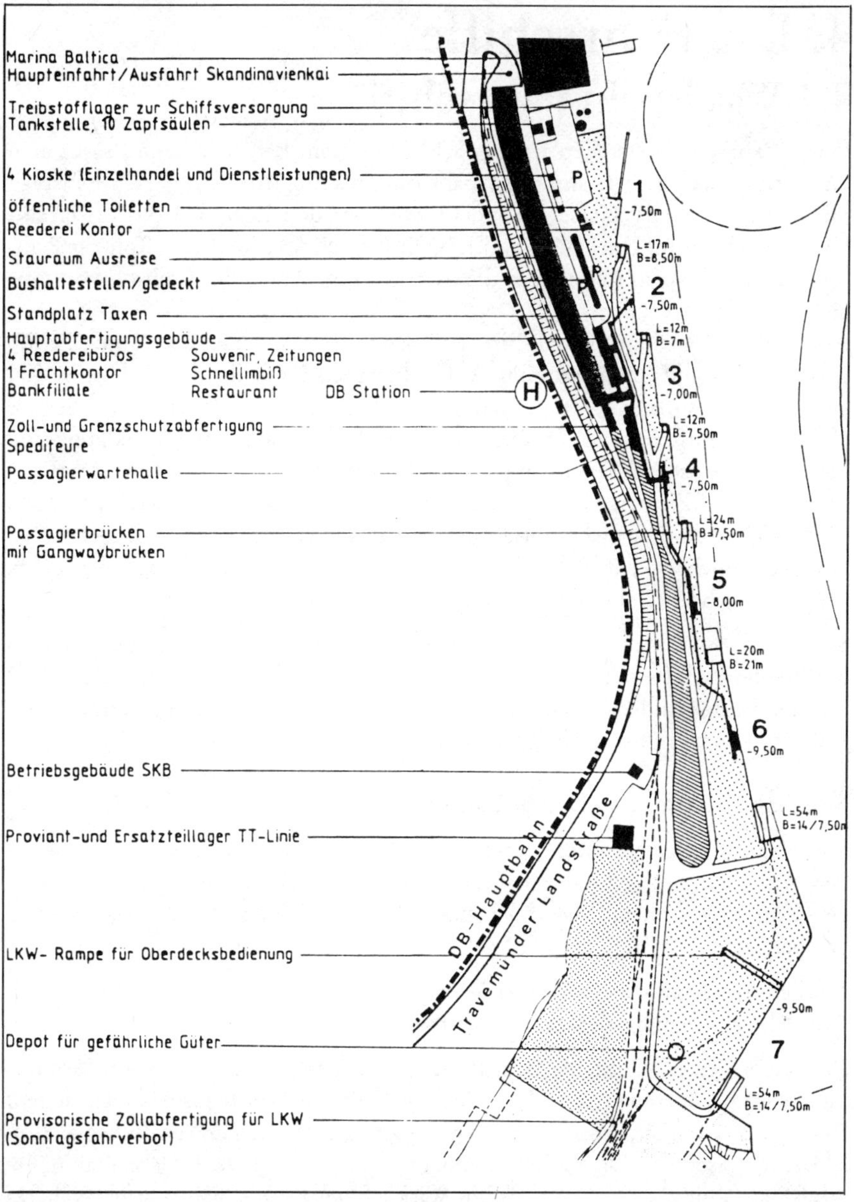

Bild 3.3 Der Skandinavienkai in Travemünde.
Rechts oben der Schiffswendekreis mit 345 Meter Durchmesser. Hier können die Fährschiffe vor dem Anlegen oder nach dem Ablegen in ruhigem Wasser wenden. Die Länge des Skandinavienkais vom Anleger 1 bis zum Anleger 7 beträgt etwa 1000 Meter (Hansestadt Lübeck, Baudezernat)

4. Die Fährschiffe

4.1 Was ist ein Fährschiff?

Unter **Fährschiff** verstehen wir ein Schiff, das dem Befördern von Passagieren und Gütern auf einer bestimmten Fährroute nach einem festgelegten Fahrplan dient und bei dem das Umschlagen der Güter nach dem Roll-on/Roll-off-Verfahren geschieht. Zum Umschlagen, d.h. zum Ein- und Ausladen im Roll-on/Roll-off-Verfahren eignen sich Güter, die in Form sog. **Rollender Ladung** vorkommen.
Als „Rollende Ladung" gelten Eisenbahnwagen für Personen und Güter, PKW, LKW, Trailer und Anhänger. Zum Anbordnehmen der Rollenden Ladung besitzt ein Fährschiff Öffnungen mit Klappen am Bug, Heck und/oder an den Seiten. Ostseefährschiffe haben mindestens eine Bugklappe und eine Heckklappe und zusätzlich manchmal Seitenklappen, so daß die Fahrzeuge bei der Ausfahrt aus dem Schiff im Zielhafen nicht gewendet werden müssen. Die Klappen sind bei großen Fährschiffen mehrspurig ausgeführt; außerdem haben viele Fährhäfen Auffahrrampen, so daß Fährschiffe mit mehreren übereinanderliegenden Fahrzeugdecks sehr rasch be- und entladen werden können.

Schiffe, die nur Passagiere aber keine Rollende Ladung an Bord nehmen, nennen wir Passagierschiffe (zB Ausflugsschiffe, Einkaufsschiffe, Kreuzfahrtschiffe) und Schiffe, die nur Rollende Ladung, aber keine Passagiere befördern, sind Roll-on-Roll-off-Frachter (abg. „Ro/Ro-Frachter").

Eisenbahn-, Auto- und Kombi-Fährschiffe

Die ersten Ostseefährschiffe waren reine Eisenbahnfährschiffe. Sie hatten auf dem Eisenbahndeck ein oder mehrere nebeneinanderliegende Gleise; Kraftfahrzeuge konnten sie nicht, oder höchstens im Huckepacksystem auf Eisenbahnwagen befördern.

Mit dem Aufkommen der Motorisierung wurden in den 30-iger Jahren die ersten Autofährschiffe in Betrieb genommen; sie hatten keine Eisenbahngleise.

In neuerer Zeit ist häufig der Begriff „Kombi-Fährschiff" zu hören. Ein Kombi-Fährschiff hat auf dem Auto-Hauptdeck versenkt eingebaute Eisenbahnschienen. Es kann Autos und Eisenbahnwagen gleichzeitig befördern und ist deswegen sehr vielseitig einsetzbar. Die meisten heutigen, im Sprachgebrauch "Eisenbahnfährschiff" genannten Fährschiffe sind in Wirklichkeit Kombi-Fährschiffe. Näheres über das Be- und Entladen der Kombifährschiffe mit Eisenbahnwagen siehe Kap. 4.3.

Der Aufbau eines Fährschiffes

Den prinzipiellen Aufbau eines Ostseefährschiffes zeigt Bild 4.1.1. Unten im Schiff befindet sich die Maschinenanlage, darüber liegen die Decks für Kraftfahrzeuge und Eisenbahnwagen und über diesen die Räume für die Passagiere, zB Kabinen, Restaurants, Salons, Promenadendecks und Shoppingcenter. Ganz oben im Schiff liegen die Kommandobrücke und die Wohnräume für die Besatzung.

Kleine und große Fährschiffe

Auf der Ostsee fahren große und kleine Fährschiffe. Was heißt „klein" und „groß"? Die Größe eines Fährschiffes beurteilen wir nach seinem Fassungsvermögen für Fahrgäste, Autos und Eisenbahnwagen. Einige Beispiele gegenwärtig in Betrieb befindlicher Ostseefährschiffe zeigt der Kasten.

Fährschiff	Fassungsvermögen		
	Fahrgäste	Autos	Eisenbahnwagen
LANGELAND II	600	90 Pkw	–
KARL CARSTENS	1500	156 Pkw	14 Reisezugwagen
FINNJET	1800	380 Pkw	–
NILS HOLGERSSON u. PETER PAN (baugleich)	1600	550 Pkw 120 Trailer	–
STENA GERMANICA und STENA SCANDINAVICA (baugleich)	2500	625 Pkw	–
RAILSHIP II	12	verschieden, je nach Beladung mit Eisenbahnwagen	85 Güterwagen

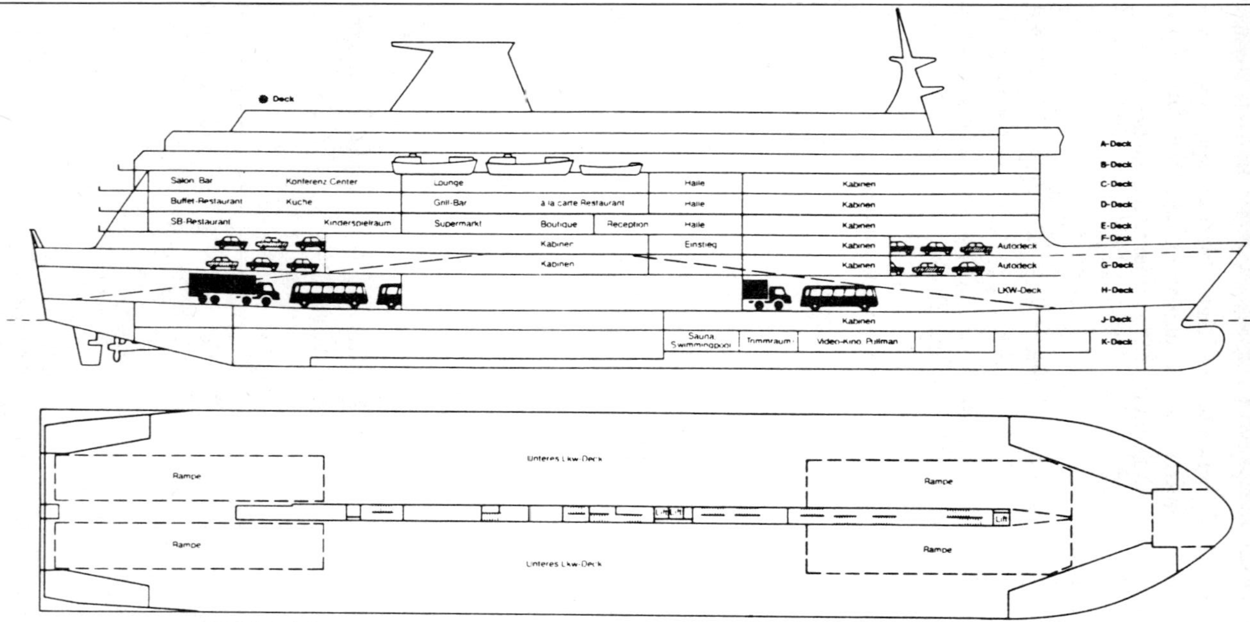

Bild 4.1.1
Schematischer Aufbau eines heutigen Ostseefährschiffes, dargestellt am Beispiel der baugleichen Fährschiffe NILS HOLGERSSON und PETER PAN. Der Längsschnitt (oben) zeigt die unten im Schiff liegenden Autodecks und die darüberliegenden Kabinen und Räume für die Fahrgäste.
Im Grundriß des unteren Autodecks (unten) sind die im Schiff eingebauten Rampen zum Auffahren auf die oberen Autodecks und die durchgehende doppelte Längswand sichtbar (TT-Line)

Welche Fährschiffe haben Kabinen?

Einige Fährschiffe haben Kabinen für die Fahrgäste, andere nicht. Die Ausstattung mit Kabinen richtet sich nach der Fahrtdauer auf der jeweiligen Fährroute. Wir unterscheiden **Tagesfährschiffe** und **Nachtfährschiffe**. Für kurze Fährrouten mit Fahrzeiten von wenigen Stunden werden Tagesfährschiffe eingesetzt, die keine Kabinen, manchmal aber Ruheräume für Fernfahrer haben. Für längere Fährrouten werden Nachtfährschiffe mit Kabinen eingesetzt. Die Kabinen sind mit Betten ausgestattet und im vorderen Teil des Schiffes weitab von der Maschinenanlage angeordnet. Die Bezeichnung „Nachtfährschiff" ist genau genommen nicht ganz richtig, weil diese Fährschiffe auch tagsüber auf See sind, so daß sie eigentlich "Kabinenfährschiffe" heißen müßten, aber die aus dem Englischen kommende Unterteilung in Day-Ferries und Night-Ferries ist seit langer Zeit international üblich.

Ein-Richtungs- und Zweirichtungsschiffe

Die meisten Ostseefährschiffe sind **Ein-Richtungsschiffe**. Sie fahren auf See mit dem Bug voraus und nur in den Häfen beim Manövrieren rückwärts. Andererseits sollen die Autos nach dem First-in-First-out-Prinzip und ohne im Schiff zu wenden ein- und ausfahren. Deswegen müssen Ein-Richtungsschiffe zwischen Abgangs- und Zielhafen wenden. Je nach Bauweise der Fährhäfen wenden die Schiffe auf der Hin- und Rückfahrt je einmal oder auf der Hinfahrt garnicht und dafür auf der Rückfahrt zweimal. Der durch das zweimalige Wenden entstehende Zeitaufwand fällt bei langen Fährrouten kaum, bei kurzen Fährrouten dagegen fühlbar ins Gewicht.

Deswegen gibt es für einige kurze Fährrouten, zB über den Öresund und über den Oslofjord **Zweirichtungsschiffe**, auch Doppelendschiffe genannt, die wie eine Flußfähre ohne Wendemanöver hin- und herfahren.

Außer diesen Fährschiffen, die wir Hochseefährschiffe nennen, gibt es noch **Kleinfährschiffe**, die auf sehr kurzen Routen eingesetzt sind. Wir haben zwischen der Westküste Seelands und den im Großen Belt gelegenen kleinen Inseln Kleinfähren von 25 meter Länge entdeckt, die in den 30-iger Jahren aus Holz gebaut wurden. Sie können zwei PKW, einen LKW und wenn's denn sein muß und das Wetter gut ist, noch einen dritten PKW befördern. Man sollte sie nicht belächeln. Sie erfüllen zuverlässig ihren Zweck, unterliegen den gleichen strengen Bau- und Betriebsvorschriften wie Hochseefährschiffe und zeugen von der uralten dänischen Schiffbaukunst. Für technisch und kulturhistorisch Interessierte ist es sicher reizvoll, solche Oldies der Schiffahrt aufzuspüren (mehr über Oldtimer der Ostseeschiffahrt im Kap. 7).

4.2 Ostseefährschiffe in Text und Bild

Auf den folgenden Seiten finden Sie technische Angaben und Bilder vieler Ostseefährschiffe, soweit sie regelmäßig oder überwiegend bundesdeutsche oder DDR-Fährhäfen anlaufen. Ist IHR Fährschiff nicht dabei? Dann bekommen Sie Bildpostkarten im Fährhafen oder an Bord. Die Zahlentabellen bestehen aus drei Teilen:

- Fährschiffe, die **gegenwärtig** auf der Ostsee in Betrieb sind
- Fährschiffe, die **früher** auf der Ostsee in Betrieb waren
- Fährschiffe, die für die Ostsee **geplant oder im Bau sind**

Erläuterungen zu den Zahlentabellen

Spalte 1:
Angegeben ist der gegenwärtige Name des Schiffes. Ein „ex" hinter dem Schiffsnamen bedeutet, daß das Schiff früher einen anderen Namen hatte. Ein (+) hinter dem Schiffsnamen weist auf zusätzliche Angaben im Anschluß an die Zahlentabellen hin.

Spalte 2:
MS = Motorschiff (Dieselmotor), GTS = Schiff mit Gasturbinenantrieb, MS-E = Diesel-elektrischer Antrieb.

Spalte 4:
Angegeben ist das Autokennzeichen des Heimatlandes des Schiffes.

Spalte 5:
Bei der Vermessung (etwa: „Schiffsgröße") ergibt sich eine Schwierigkeit: Seeschiffe wurden bekanntlich früher in Bruttoregistertonnen (abg. BRT; 1 BRT = 2,83 cbm) vermessen. Neue Schiffe werden seit 1982 mit der aussagefähigeren **Bruttoraumzahl** (abg. BRZ) vermessen. Die Bruttoregistertonne (BRT) war ein reines Raummaß, die Bruttoraumzahl (BRZ) hingegen ist eine dimensionslose Vergleichszahl. Bei der BRT-Vermessung konnten bestimmte Räume (zB Doppelböden, Schornsteine) nicht erfaßt werden, bei der BRZ-Vermessung sind sämtliche geschlossenen Räume eingemessen. Die BRZ-Vermessung ist also „ehrlicher". Bis 1994 müssen alle Schiffe weltweit neu vermessen werden, damit sie ihre Bruttoraumzahl angeben können. Achten Sie darauf, ob die Vermessung des Schiffes noch in BRT (bei älteren Schiffen) oder in BRZ (bei neueren Schiffen) angegeben ist.

Spalte 11:
Angegeben ist die größte Dauergeschwindigkeit, die das vollbeladene Schiff erreicht.

FÄHRSCHIFFE GEGENWÄRTIG AUF DER OSTSEE IN BETRIEB, soweit bundesdeutsche oder DDR-Häfen anlaufend (Auswahl, ohne Anspruch auf Vollständigkeit, Stand 1988)

Allgemeine Angaben				Größe			Bau		Leistungen		Bemerkungen
1	2	3	4	5	6	7	8	9	10	11	12
Schiffsname	Antrieb	Reederei	Flagge	Vermessung	Länge Meter	Breite Meter	In-dienst-	Bauwerft	Maschinenleistung kW	Geschwindigkeit Knoten	
DANMARK	MS	Dän. Staatsbahnen (DSB)	DK	6 352 BRT	145	17,7	1968		8 096	16	Kombischiff
DEUTSCHLAND	MS-E	Deutsche Bundesbahn	D	6 1118 BRT	140	17,4	1972	Nobiskrug	14 710	19,6	Kombischiff
DRONNING MARGRETHE II	MS	DSB	DK	6 212 BRT	145	17,7	1973		8 832	17	Kombischiff
FINNJET (+)	GTS und MS-E	Finnjet-Silja-Line	SF	25 908 BRT	213	25,4	1977	Oy Wärtsilä	57 408	31	
GELTING SYD (ex STELLA SCARLETT)	MS	Faaborg-Gelting-Line	DK	4 174 BRT	115	18	1974	Meyer, Papenburg	7 360	19	offene Galerie
GEDSER LINK	MS	GT-Link		6 000 BRT	145	24,4	1986	Nobiskrug	20 300	22	
GÖTALAND	MS	Schwedische Staatsbahn (SJ)	S	5 160 BRT	148	22	1973	Nakskov	10 300	18,5	Kombischiff
GREIFSWALD	MS	Deutsche Seereederei (DSR)	DDR	22 404 BRZ	190	28	1988	VEB Thesen	10 600	16,4	
KARL CARSTENS (+)	MS-E	Deutsche Bundesbahn	D	12 830 BRZ	165	17,7	1986	Howaldt	14 400	20	Kombischiff
KLAIPEDA	MS	LSC	SU	22 404 BRZ	190	28	1987	VEB Thesen	10 600	16,4	
KONG FREDERIK IX	MS	DSB	DK	4 084 BRT	114	17,7	1954		6770	16	Kombischiff

FÄHRSCHIFFE GEGENWÄRTIG AUF DER OSTSEE IN BETRIEB, soweit bundesdeutsche oder DDR-Häfen anlaufend (Auswahl, ohne Anspruch auf Vollständigkeit, Stand 1988)

Allgemeine Angaben				Größe			Bau		Leistungen		Bemerkungen
1	2	3	4	5	6	7	8	9	10	11	12
Schiffsname	Antrieb	Reederei	Flagge	Vermessung	Länge Meter	Breite Meter	In-dienst-	Bauwerft	Maschinenleistung kW	Geschwindigkeit Knoten	
KRONPRINS HARALD	MS	Jahre-Line	N	32 000 BRZ	165	28	1987	Oy Wärtsilä	21 800	21,5	
LANGELAND II	MS	Kiel-Langeland-Linien	D	1 500 BRT	70	16	1977	Hoogezand/Holland	2 600	16	offene Galerie
MUKRAN	MS	Deutsche Seereederei (DSR)	DDR	22 404 BRZ	190	28	1986	VEB Thesen	10 600	16,4	
NILS HOLGERSSON IV (+)	MS	TT-Line	S	31 360 BRZ	161	27,6	1987	Seebeck	19 600	21,5	
PETER PAN IV (+)	MS	TT-Line	D	31 360 BRZ	161	27,6	1986	Seebeck	19 000	21,5	
PRINS HENRIK	MS	DSB	DK	6 211 BRT	145	17,7	1974		8 480	17	Kombischiff
PRINSESSE RAGNHILD	MS	Jahre-Line	N	16 608 BRT	171	24	1981	Howaldt	17 664	20,5	
RAILSHIP I	MS	Railship GmbH	D	6 522 BRT	172	21,6	1975	Rickmers	14 710	20,5	Kombischiff
RAILSHIP II	MS	Railship GmbH	D	20 077 BRZ	177	21,6	1984	Seebeck	16 000	18,5	Kombischiff
ROGALIN (ex AALLOTAR)	MS	Polska Zegluga Baltycka	PL	7 800 BRT	127	19,5	1972	Dubigeon	11 776	21	
ROSTOCK	MS	Deutsche Reichsbahn	DDR	6 111 BRT	158	22,6	1977	Bergens	12 900	20,5	Kombischiff

FÄHRSCHIFFE GEGENWÄRTIG AUF DER OSTSEE IN BETRIEB, soweit bundesdeutsche oder DDR-Häfen anlaufend
(Auswahl, ohne Anspruch auf Vollständigkeit, Stand 1988)

Allgemeine Angaben				Größe			Bau		Leistungen		Bemerkungen
1	2	3	4	5	6	7	8	9	10	11	12
Schiffsname	Antrieb	Reederei	Flagge	Vermessung	Länge Meter	Breite Meter	In-dienst-	Bauwerft	Maschinenleistung kW	Geschwindigkeit Knoten	
RÜGEN	MS	Deutsche Reichsbahn	DDR	6 465 BRT	152	18,8	1972	Neptun	14 720	18,5	Kombischiff
SCANDINAVIA	MS	Nordö									Kombischiff
SILESIA	MS	Polska Zeglugla Baltycka	PL								
SKÅNE	MS	SJ	S								
STENA GERMANICA (+)	MS	Stena Line	S	30 000 BRZ	176	29	1987		29 400	22,5	
STENA SCANDINAVICA (+)	MS	Stena Line	S	30 000 BRZ	176	29	1988		29 400	22,5	
SVEALAND	MS	Nordö									Kombischiff
THEODOR HEUSS (+)	MS	Deutsche Bundesbahn	D	5 583 BRT	136	17,7	1957	Howaldt	7 100	18	Kombischiff
TRANSFINLANDIA	MS	Poseidon-Schiffahrt	D	8 110 BRT	157	24,6	1981	Flender	14 500	19	
TRANSGERMANIA	MS	Poseidon Schiffahrt	D	5 631 BRT	136	21,7	1976	Sietas	9 311	19	

FÄHRSCHIFFE GEGENWÄRTIG AUF DER OSTSEE IN BETRIEB, soweit bundesdeutsche oder DDR-Häfen anlaufend (Auswahl, ohne Anspruch auf Vollständigkeit, Stand 1988)

Allgemeine Angaben				Größe			Bau		Leistungen		Bemerkungen
1	2	3	4	5	6	7	8	9	10	11	12
Schiffsname	Antrieb	Reederei	Flagge	Vermessung	Länge Meter	Breite Meter	In-dienst-	Bauwerft	Maschinenleistung kW	Geschwindigkeit Knoten	
TRAVEMÜNDE LINK	MS	GT-Link	DK	9 120 BRT	137	22,3	1981	Oy Wärtsilä	14 867	19	
TRELLEBORG	MS	SJ	S	10 882 BRT	170	23,8	1982	Öresunds. varvet	17 600	19	Kombischiff
VILNYUS	MS	LSC	SU	22 404 BRZ	190	28	1988	VEB Thesen	10 600	16,4	
WARNEMÜNDE	MS	Deutsche Reichsbahn	DDR	6 149 BRT	136	18	1963	Neptun	7 065	18	Kombischiff
WISMAR	MS	DSR	DDR	22 404 BRZ	190	28	1987	VEB Thesen	10 600	16,4	
BALTIC STAR (+) (ex HELGOLAND)	MS	Seetouristik	D	2 746 BRT	92	14,5	1963	Howaldt	4 400	21	Passagierschiff (ohne Autotransport)

FÄHRSCHIFFE FRÜHER AUF DER OSTSEE IN BETRIEB ODER HEUTE UNTER ANGEREM NAMEN
(Auswahl, ohne Anspruch auf Vollständigkeit, Stand 1988)

Früher				Heute			Bemerkungen
Schiffsname	Bauj	Reederei	Flag.	Schiffsname	Reederei	Flag.	
FINNHANSA	66	Finnlines	SF	PRINSESSAN	Birka-Line	S	
GEDSER III	81	GT-Link	DK	Viking II	Viking-Sally-Line	GB	Route Ramsgate–Dünkirchen
GUSTAV WASA	73	Bonship	S	NORRÖNA	TT-Line	S	
ILMATAR	64	Finska Angfartygs	S	VIKING EXPRESS	Crown Cruise-Line/USA	Panama	
KRONPRINS HARALD	76	Jahre-Line	N	HAMBURG	DFDS-Line		Route Hamburg–Harwich
KRONPRINSESSAN VICTORIA	81	Stena Line	5	STENA SAGA II	Stena Line	S	ab Sommer 1988 Route Frederikshavn–Oslo
NILS HOLGERSSON I	62	TT-Line	D	SAMAINA			
NILS HOLGERSSON II	67	TT-Line	D	EUROPA-Färjan N			
NILS HOLGERSSON III	75	TT-Line	D	ABEL TASMAN	Australien/Tasmanien		
PETER PAN II	74	TT-Line	D	ROBIN HOOD (bis 1986)	TT-Line (bis 1986)		gleiches Schiff
ROBIN HOOD (Ex PETER PAN II)	74	TT-Line	D	FEDRA			

FÄHRSCHIFFE FÜR DIE OSTSEE IM BAU ODER GEPLANT
(Ohne Anspruch auf Vollständigkeit, Stand 1988)

voraussichtl. Schiffsname	Reederei	voraussichtl. Route	Vermessung BRZ	Bauwerft	voraussichtl. Indienststellung	Bemerkungen
KAUNAS	LSC	Mukran–Klaipeda	22 404	VEB Thesen	1989	
NILS DACKE	TT-Line	Travemünde–Trelleborg	22 000		III/1988	Kombi-Fährschiff
RAILSHIP III	Railship GmbH	Travemünde–Hanko				Kombi-Fährschiff
N.N.	TT-Line	Travemünde–Trelleborg	22 000		IV/1988	Kombi-Fährschiff
N.N.	Kiel-Langeland-Linien	Kiel–Bagenkop	4 200	Svendborg-Vaerft	1989	
N.N.	Poseidon-Schiffahrt	Lübeck–Finnland				
N.N.	Deutsche Reichsbahn	Saßnitz–Trelleborg		Aalborg-Vaerft		

Zusätzliche Angaben zu den Zahlentabellen (Auswahl)

- Ausgewählt wurden das bei Drucklegung schnellste Ostseefährschiff, die fünf jüngsten Ostseefährschiffe, das älteste noch in Fahrt befindliche Ostseefährschiff und ein Ausflugsschiff, soweit diese Schiffe bundesdeutsche Häfen anlaufen

Fährschiff FINNJET

Das gegenwärtig schnellste Ostseefährschiff ist das Fährschiff FINNJET mit einer max. Geschwindigkeit von 31 Knoten (56 km/h). Es wurde 1977 in Dienst gestellt, befährt seither die Route Travemünde-Helsinki und ist das einzige Ostseefährschiff mit Gasturbinenantrieb. Am Heck des Schiffes liegt ein Hubschrauberlandeplatz. 1980 wurde zusätzlich ein diesel-elektrischer Antrieb eingebaut.

Die FINNJET kann gegenwärtig wahlweise mit drei verschiedenen Antriebsarten fahren:
Der Gasturbinenantrieb besteht aus zwei Gasturbinen mit zusammen 57.000 kW (75.000 PS), die über zwei Getriebe die beiden Verstellpropeller antreiben. Er bringt das Schiff auf eine Geschwindigkeit von 31 Knoten. Mit dieser hohen Geschwindigkeit braucht das Schiff für die 635 sm (1180 km) lange Route Travemünde-Helsinki 22,5 Stunden.

Der nachträglich eingebaute diesel-elektrische Antrieb besteht aus zwei dieselelektrischen Aggregaten, die rechts und links im hinteren Teil des Autodecks stehen und aus zwei Elektromotoren, die an die beiden Getriebe angeschlossen sind. Mit insges. 11.400 kW bringt der diesel-elektrische Antrieb das Schiff auf 18,5 kn und die Fahrzeit Travemünde-Helsinki beträgt 39 Stunden. Dafür ist der Treibstoffverbrauch erheblich geringer als bei Gasturbinenantrieb.

Eine dritte Möglichkeit ist, das Schiff mit einer Gasturbine und einem diesel-elektrischen Aggregat zu fahren. Hierbei wird eine Geschwindigkeit von 23 kn und eine Fahrzeit von 30 Stunden erreicht.

1986 wurde die FINNJET umgebaut. Auf dem Deck 9 wurde die Commodore-Class mit 29 Luxuskabinen (17 qm groß), ergänzt durch eigene Salons, Sauna und Sonnendeck, neu geschaffen. Zu den weiteren Neuerungen gehört das Restaurant „Adam und Eve". Der Tanzsalon „Finnjet-Paradise" wurde völlig umgestaltet, die Boutiquen und Tax-Free-Shops wurden vergrößert. Das bisherige Sonnendeck bleibt den Commodore-Passagieren vorbehalten; der umgebaute Hubschrauberlandeplatz dient künftig als Liegewiese für die anderen Passagiere. Die FINNJET hat auf Deck 7 einen großen Panoramaraum mit Radarmonitor für die Fahrgäste zum Beobachten der See nach vorn. Das früher dunkelblaue Schiff bekam im Frühjahr 1987 einen neuen weißen Anstrich, das sog. „Silja-Kleid". Die FINNJET kann 1600 Fahrgäste in Kabinen, 230 in Liegesesseln und 380 PKW befördern.

Fährschiff KRONPRINS HARALD

Das Fährschiff KRONPRINS HARALD wurde im März 1987 in Oslo von der norwegischen Kronprinzessin Sonja getauft und fährt seither auf der Fährroute Kiel-Oslo. Es ist seit 1961 das dritte Schiff dieses Namens, sein kleineres Vorgängerschiff fährt seit 1987 unter dem Namen HAMBURG auf der Route Hamburg-Harwich.

Das Fährschiff KRONPRINS HARALD kann 1432 Passagiere in Kabinen und 700 PKW (oder 283 PKW und 73 LKW-Züge) befördern. Es hat 10 Decks, eine Bugrampe, eine zweispurige Heckrampe, zwei Propeller und Flossenstabilisatoren. Fußgänger kommen in das Schiff über die im Deck 5 liegende Empfangshalle, zu der die Information und 2 Shops gehören. Die Kabinen befinden sich in den Decks 5, 6, 8 und 9. Das Deck 6 hat ein Konferenz-Centrum für 160 Tagungsteilnehmer, das in drei Tagungsräume unterteilt werden kann. Auf Deck 7 bietet das Hauptrestaurant mit Grill Platz für 250 Personen; es kann durch Hinzunahme eines Bankettraumes um 150 Plätze erweitert werden. Auf dem gleichen Deck gibt es ein A-la-Carte-Restaurant, ein Pub, ein Cafe und ein Kinderzimmer. Sämtliche Räume des Restaurantdecks verbindet eine an der rechten Außenseite des Schiffes verlaufende große Arkade.

Die Kommandobrücke ist eine sog. Cockpitbrücke; sie verläuft vollverkleidet quer über das ganze Schiff und hat rechts und links zwei Brückennocken, die seitlich um 1,5 meter über die Bordwand hinausragen. Das Fahrpult liegt mittschiffs in einem vorgezogenen Cockpit. Diese neuzeitliche Bauweise der Kommandobrücke bietet der Brückenwache gute Ausguckmöglichkeiten beim An- und Ablegen, beim Manövrieren und auf See.

Fährschiffe NILS HOLGERSSON IV und PETER PAN IV

Diese beiden Fährschiffe wurden 1986 bzw 1987 in Dienst gestellt. Jedes Schiff kann 1600 Passagiere und 550 PKW befördern. Die beiden Schwesterschiffe befahren die Route Travemünde-Trelleborg. Der Kabinentrakt liegt im ruhigen Vorschiff, die Aufenthalts- und Serviceräume sind im hinteren Schiffsbereich angeordnet. Neben einem Hotelbetrieb mit Restaurant, Tanzsalon, Nightclub und Cafeteria sind Videokino, Supermarkt, Boutique, Kinderspielraum mit Kinder-Video, Saunen, Solarium, Gymnastikraum und ein Innen-Swimmingpool vorhanden. Etwas Besonderes hat man sich bei der Cafeteria ausgedacht. Um lange Schlangen am Tresen zu vermeiden, ist ein sog. Free-Flow-System eingerichtet. Das Ausgeben der Speisen und Getränke geschieht nicht an einer Stelle, sondern an mehreren Ausgabestationen, die über den gesamten SB-Restaurantbereich verteilt sind. Der Fahrgast kann sich auch mit Hilfe einer Magnetkarte an den Waren- und Getränkeautomaten selbst bedienen und legt später seine Magnetkarte in ein Lesegerät ein, das ihm den zu zahlenden Betrag angibt.

Die Kommandobrücke ist als Cockpitbrücke ausgeführt und hat erstmalig auf einem deutschen Schiff eine Radaranlage mit drei Scannern und Monitoren in den vollständig geschlossenen seitlich über die Bordwand hinausragenden Brückennocken.

Die beiden Schiffe besitzen durchlaufende Autodecks mit beweglichen Hängedecks, vier Aufbaudecks für die Passagiere und zwei Deckshausdecks. Die Autodecks sind über die Bugrampe, die Heckrampe bzw über Innenrampen befahrbar. Fußgänger erreichen die Schiffe über je eine rechts bzw links liegende Passagierpforte.

Die Kabinenschlösser sind elektronisch gesichert. Jeder Kabinenfahrgast erhält anstelle eines Kabinenschlüssels eine Code-Card, die nur für seine Kabine codiert ist. Auch in den Restaurants werden Speisen und Getränke mit Hilfe codierter Einwegschlüssel ausgegeben.

Die Flossenstabilisatoren haben 10 qm wirksame Flossenfläche. Für die Entsorgung ist ein bordeigener Müllverbrennungsofen vorhanden.

Die Fährschiffe NILS HOLGERSSON IV und PETER PAN IV hatten mehrere Vorgängerschiffe gleichen Namens, die z.T. heute noch in anderen Seegebieten in Fahrt sind.

Fährschiffe STENA GERMANICA und STENA SCANDINAVICA

Diese beiden Fährschiffe sind baugleich. Die STENA GERMANICA fährt seit dem Frühjahr 1987; die STENA SCANDINAVICA wurde am 10. Februar 1988 von der schwedischen Königin Silvia in Kiel getauft und anschließend in Betrieb genommen. Beide Schiffe fahren auf der Route Kiel-Göteborg. Gegenwärtig legt je eines der beiden Schiffe täglich um 19 Uhr in Kiel bzw Göteborg ab und erreicht nach einer 14-stündigen Nachtfahrt am nächsten Tag um 9 Uhr Göteborg bzw Kiel.

Jedes Schiff hat ein Fassungsvermögen von 2400 Passagieren und 625 PKW; die beiden Schiffe sind gegenwärtig die größten Fährschiffe, die bundesdeutsche Ostseefährhäfen anlaufen.

Die Kabinen liegen auf den Decks 5 bis 8; auf Deck 9 liegen Restaurants, Bars, Kino, Spielcasino und mehrere Konferenzräume.

Das untere Autodeck ist über Bug- bzw Heckklappe, das obere Autodeck über seitliche Klappen und eine Auffahrrampe erreichbar; beide Autodecks haben Hängedecks.

Die Kommandobrücke ist auch hier als Cockpitbrücke mit seitlich überstehenden Brückennocken ausgeführt und mit Fernsehmonitoren zum Beobachten der Autodecks, des Kielwassers am Heck und zahlreicher weiterer Stellen ausgeführt.

Jedes der beiden Schiffe wird durch vier 16-Zylinder-V-Viertaktmotoren mit einer Gesamtleistung von 31.000 kW (40.000 PS) angetrieben.

Die Senioren der Ostseefährschiffahrt

Fährschiff **THEODOR HEUSS**

Das älteste, bei Drucklegung noch in Fahrt befindliche deutsche Ostseefährschiff, das einen bundesdeutschen Fährhafen anläuft, ist die THEODOR HEUSS. Bei Howaldt gebaut und im November 1957 in Dienst gestellt, befuhr die THEODOR HEUSS bis Mai 1963 noch die frühere Fährroute Großenbrode-Gedser und anschließend die Route Puttgarden-Rödby. Seit Inbetriebnahme der KARL CARSTENS 1986 fährt die THEODOR HEUSS als Güterfähre unverändert zwischen Puttgarden und Rödby.

Das über 30 Jahre alte Fährschiff hat ein Eisenbahndeck, ein Autodeck und ein Fahrgastdeck. Es kann 1500 Fahrgäste und auf drei Gleisen mit insges. 318 meter Gleislänge 11 Schnellzugwagen oder 27 Güterwagen oder 115 PKW oder eine entsprechende Anzahl LKW im Eisenbahndeck und 75 PKW im Autodeck befördern.

Die Höhe bis zum Fahrgastdeck beträgt 14,65 meter, der Tiefgang 4,90 meter; die Besatzung besteht heute aus 23 Personen. Als noch Passagiere befördert wurden, kamen noch 70 Personen für den Restaurantbetrieb hinzu.

Der Senior der Senioren: Fährschiff **STRALSUND**

Der Hinweis auf dieses Schiff ist insbesondere für die Senioren unter unseren Lesern gedacht. Das älteste, noch in Betrieb befindliche Ostseefährschiff ist das Dampffährschiff STRALSUND. Es wurde 1890 (!) in Betrieb genommen und befuhr bis 1901 die Route von Stralsund nach Altefähr auf Rügen. Die Insel Rügen hatte damals noch keine feste Landverbindung, denn der Rügendamm wurde erst 1936 gebaut. Später war es im Raum Swinemünde eingesetzt und fährt seit 1946 von Wolgast über den Peenestrom nach Wolgast Fähre auf der Insel Usedom (Routenlänge 400 meter). Es bringt nach wie vor Güterwagen vom Festland auf die Insel Usedom, die auf der Inselbahn nach Ahlbeck und Peenemünde weiterfahren.

Die STRALSUND wurde auf der Schichau-Werft in Elbing gebaut, hat 149 BRT, 37,5 meter Länge, ein 36 meter langes Gleis, zwei Kolbendampfmaschinen mit je 125 PSi und läuft 8 Knoten.

Trotz ihres Alters von 98 Jahren ist die STRALSUND noch voll in Betrieb, ist also nicht etwa Museumsschiff. Schiffe made in Germany haben also offensichtlich Qualität.

Eine ausführliche Beschreibung der STRALSUND mit Foto geben A. HADER und G. MEIER in ihrem Buch „Die Eisenbahnfähren der Welt“, Seite 69.

Fährschiff FINNJET (Finnjet-Silja Line)

Fährschiff GELTING SYD (Nordisk Faergefart

Kombifährschiff KARL CARSTENS (Deutsche Bundesbahn)

Fährschiff KRONPRINS HARALD (Jahre Line). Rechts im Bild die Cockpit-Kommandobrücke

Fährschiff KRONPRINS HARALD. Restaurant auf Deck 7

Fährschiff KRONPRINS HARALD
Grill-Restaurant

Kabine Touristenklasse

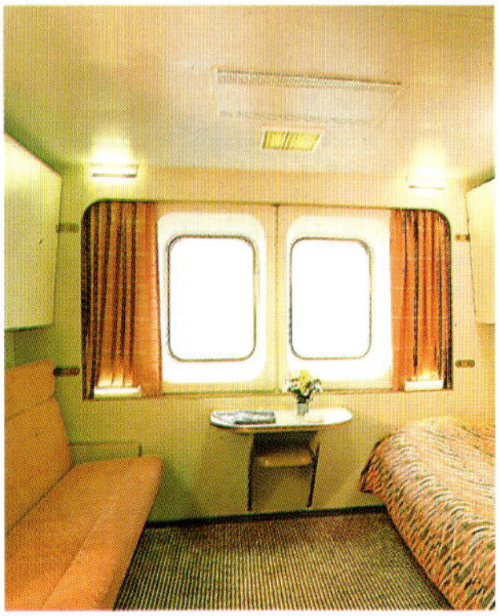

Kabine 1. Klasse

Fährschiff KRONPRINS HARALD

Arkade; von hier sind alle Räume auf dem Restaurantdeck erreichbar

Fährschiff LANGELAND II (Langeland-Kiel Linien)

Fährschiff PETER PAN bei der Einfahrt nach Travemünde. Im Hintergrund die Halbinsel Priwall und die Pötenitzer Wiek (TT-Line)

Fährschiff PRINSESSE RAGNHILD (Jahre Line)

Kombifährschiff RAILSHIP II in Hanko. Das Eisenbahngleis rechts führt zur Umachsanlage. Im Hintergrund das Schärengebiet nördlich von Hanko (RAILSHIP)

Fährschiff STENA GERMANICA im Schärengebiet vor Göteborg (STENA LI-NE)

Fährschiff STENA GERMANICA, Royal Captains Class Kabine

Fährschiff STENA GERMANICA

oben: Zweibett-Innenkabine
mitte: Skandinav. Buffet
unten: Erholsame Abendstunde vor Sonnenuntergang auf See (STENA LINE)

Kombifährschiff THEODOR HEUSS (Deutsche Bundesbahn)

Fährschiff TRAVEMÜNDE bei der Einfahrt nach Travemünde. Im Vordergrund der Priwall, hinter dem Schiff die Nordermole (GT-Link)

Schwedenkai

Links oben: Der Schwedenkai in Kiel mit Terminalgebäude, Doppelkopfanleger, Auffahrrampe und Fährschiff STENA SCANDINAVICA (STENA LINE)

Links unten: Travemünde. Die Mündung der Trave in die Ostsee. Links unten Ort Travemünde und Parkplatz Leuchtenfeld. Links oben Badestrand, rechts daneben Hochhaus Hotel Maritim mit Aussichtsrestaurant, Leuchtturm und Meerwasserschwimmbad.
Weiter rechts die Nordermole. Rechts im Bild der Passathafen mit Großsegelschiff PASSAT auf der Halbinsel Priwall (Foto Schilling, Lübeck)

Rechts oben: Der Holstenhafen in Lübeck mit Segel-Oldtimern (Lübecker Verkehrsverein)

Die Schleuse Holtenau, der Nordostseekanal und die Holtenauer Hochbrücke; Blickrichtung Westen (Foto Helmut Jahn, Bielefeld)

Oslo, Rathaus nahe der Anlegestelle der Fjordfähren (Jahre Line)

Die Insel Hankö und der Hankösund an der Ostseite des Oslofjords nahe Frederikstad; Blickrichtung Nordosten (Foto Mittet/NORTRA, Oslo)

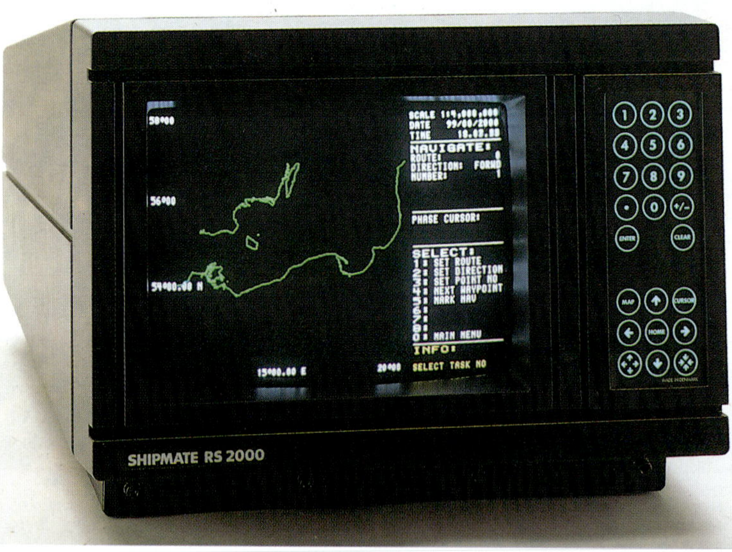
NAVIGATE:
ROUTE:
DIRECTION:
NUMBER:
PHASE CURSOR:
SELECT:
SET ROUTE
SET DIRECTION
SET POINT NO
NEXT WAYPOINT
MARK NAV
MAIN MENU
INFO:
SELECT TASK NO
ENTER
CLEAR
MAP
CURSOR
HOME
SHIPMATE RS 2000

Links oben: Die Kommandobrücke eines neuzeitlichen Ostseefährschiffes; in der Bildmitte das Cockpit (STENA LINE)

Links unten: DECCA-Gerät mit Routenplotter und Seekarte. Die grünen Linien zeigen den Verlauf der Küsten. Im Bild sichtbar ist ein Teil der mittleren Ostsee: Links unten die DDR-Küste und die Insel Rügen; weiter rechts die Pommersche Bucht, die Danziger Bucht mit der Halbinsel Hela und die baltische Küste. Oben die schwedische Süd- und Südostküste und die Insel Öland. In der Mitte die Insel Bornholm (SHIPMATE)

Rechts oben: Radargerät eines großen Ostseefährschiffes. Das Schiff liegt mit dem Bug voraus am Schwedenkai in Kiel; der Bildschirm zeigt den südlichen Teil des Kieler Hafens (STENA LINE)

Die Verfasser

Gerhard Köhler

Lutz Hankel

Andreas Schoon

Man vergleiche einmal die Größen dieser Senioren mit den Größen der jüngsten Ostseefährschiffe.

Ausflugsschiff BALTIC STAR

Die BALTIC STAR ist kein Fähr-, sondern ein Passagierschiff, transportiert also keine Fahrzeuge. 1963 in Dienst gestellt, diente das Schiff unter dem Namen HELGOLAND von 1966 bis 1972 als Lazarettschiff in Vietnam. Jeder Kranke oder Verwundete, der das Schiff erreichen konnte – ob Soldat, Freund, Feind, Zivilist, Frau oder Kind – wurde ärztlich behandelt. Die heutigen Restaurants und Salons waren damals Krankenräume für Männer, Frauen und Kinder. Auf dem Brückendeck hinter der Kommandobrücke sind noch Gestänge erkennbar, die damals zum Aufspannen von Planen als Schutz vor Sonneneinstrahlung dienten, wie dies bei Schiffen in der Tropenfahrt verbreitet üblich ist. Erst nachdem in Vietnam ein Krankenhaus fertiggestellt war, wurde die HELGOLAND aus Vietnam abgezogen.

In den 70-iger Jahren befuhr das Schiff unter schwedischer Flagge als STENA FINLANDICA die Route Kiel-Korsör und bekam 1974 seinen heutigen Namen. Heute fährt die BALTIC STAR als Tagesausflugsschiff auf den Routen Travemünde-Rödby und Travemünde-Warnemünde (vgl. Kap 7).

Wir haben dieses Passagierschiff und seinen Werdegang hier stellvertretend für die zahlreichen anderen an der deutschen Ostseeküste vorhandenen Ausflugsschiffe, die fast durchweg kleiner als die BALTIC STAR sind, erwähnt.

4.3 Der Transport von Eisenbahnwagen und die unterschiedlichen Spurweiten.

Eisenbahnwagen werden auf der Ostsee heute überwiegend in Kombifährschiffen, seltener in reinen Eisenbahnfährschiffen befördert. Es gibt Fährschiffe mit einem, zwei oder drei übereinanderliegenden Eisenbahndecks und auf jedem Eisenbahndeck liegen bis zu fünf Eisenbahngleise nebeneinander.

Am einfachsten ist das Befördern von Eisenbahnwagen auf Fährschiffen mit einem Eisenbahndeck und gleicher Spurweite im Hinterland der Häfen, zB auf der Route Puttgarden-Rödby. Vom Fährbahnhof Puttgarden werden die Eisenbahnwagen auf drei Gleisen bis an die Bug/Heckrampe geschoben. Auf der Rampe werden die drei Gleise in einer Gleisverschlingung zusammengeführt, um dann im Eisenbahndeck des Schiffes wieder auseinander und parallel zu laufen.

Fährschiffe mit zwei Eisenbahndecks erfordern für das obere Eisenbahndeck eine Auffahrrampe an Land oder einen Aufzug im Schiff. Das Beladen mit einer Rampe geht rasch, doch erfordert die Rampe viel Platz im Hafen; das Beladen mit einem Aufzug geht langsamer, dafür entfällt die Rampe. Das Rampensystem wird auf der Ostsee gegenwärtig auf der Route Mukran (DDR)-Klaipeda/Memel (UdSSR) angewandt.

Ostseefährschiffe mit drei Eisenbahndecks haben einen Aufzug. Die Eisenbahnwagen werden von Land in das Hauptdeck geschoben und mit dem Aufzug in das Unterdeck oder Oberdeck gebracht. Nun müssen die Wagen im Ober- und Unterdeck noch zu ihren Stellplätzen gebracht werden. Hierzu werden sie mit kleinen bordeigenen sog. Uniloks zunächst vom Aufzug zu einer Umsetzweiche und anschließend zu ihren Stellplätzen gezogen. Die Unilok ist ein kleines gummibereiftes mit Dieselmotor angetriebenes Zugfahrzeug, das sich auch seitlich von einem Gleis zum Nachbargleis (sogar zwischen den Wagen) bewegen kann und die Umsetzweiche kann zwei bis drei Wagen aufnehmen.

Wie überwindet man unterschiedliche Spurweiten? Eines vorweg: Die Wagen haben weder, wie vielfach irrtümlich angenommen wird, seitenverschiebliche Räder noch dreirädrige Achsen, sondern die Achsen bzw Drehgestelle werden ausgetauscht. Das Problem der unterschiedlichen Spurweiten besteht nur beim Transport nach Finnland und in die Sowjetunion.

Es gibt in der Ostsee gegenwärtig zwei Systeme, die beide prinzipiell gleich mit einer stationären Umachsanlage arbeiten. Beim RAILSHIP-System haben die Gleise der Fährschiffe die kontinentale Normalspur und im finnischen Hafen Hanko führt ein Normalspurgleis vom Fähranleger bis zu einer 1 km entfernten Umachsanlage. Die aus dem Schiff kommenden Wagen werden von einer Normalspurlok zur Umachsanlage gebracht. Dort werden die kontinentalen Achsen bzw Drehgestelle von den Wagen gelöst, die Wagen hydraulisch angehoben und mit Breitspur-Achsen bzw –Drehgestellen ausgerüstet. Anschließend zieht eine Breitspurlok die Wagen auf der Ostseite aus der Umachsanlage heraus und weiter auf das finnische Eisenbahnnetz. Dieses Umachsverfahren mutet umständlich an, arbeitet aber einfach und rasch. Das Umachsen von 80 Wagen dauert in Hanko nur drei bis vier Stunden.

Bei den auf der Route Mukran-Klaipeda eingesetzten Schiffen ist es umgekehrt. Die Gleise der Schiffe haben die russische Breitspur und das Umachsen geschieht (wenn überhaupt) in Mukran. Soweit bekannt, wird in Mukran gegenwärtig nur in geringem Umfang umgeachst; ein großer Teil der Ladung wird auf Güterwagen der Deutschen Reichsbahn umgeladen, weil die russischen Güterwagen Mittelpufferkupplungen und größere Abmessungen haben und deswegen nur begrenzt auf den Strecken der Deutschen Reichsbahn fahren können.

4.4 Welches Fährschiff fährt wo?

Verständlich, daß viele Leser jetzt fragen:"Mit welchem Fährschiff werde ICH SELBST nun zur See fahren?". Eine Antwort auf diese Frage ist nur bedingt möglich.

Der Idealfall wäre, ein Fährschiff für das Befahren nur einer bestimmten Route zu planen und zu bauen (bzw zu kaufen), denn Schiff und Route müssen möglichst gut aufeinander abgestimmt sein. Dieser Idealfall ist aber nicht immer zu verwirklichen, denn er setzt zB eine über längere Zeit gleichmäßig hohe Auslastung des Schiffes auf eben dieser Route voraus. Und hier beginnen die Schwierigkeiten, denn einmal ist die Zahl der Fahrgäste und Autos – das Beförderungsvolumen – stark saisonabhängig, zum anderen kann das Beförderungsvolumen im Laufe der Jahre ansteigen oder zurückgehen. Wenn, wie in den letzten Jahren auf der Ostsee vielfach geschehen, das Beförderungsvolumen stark ansteigt, kann ein ursprünglich „richtiges" Fährschiff eines Tages zu klein werden und dann haben die Fahrgäste das Nachsehen, weil es ständig ausgebucht oder überlastet ist und sehr frühzeitige Buchungen nötig werden. Wenn die Überlastung chronisch zu werden droht, muß ein zu klein gewordenes Fährschiff gegen ein größeres ausgetauscht werden. Die Übersicht „Welches Fährschiff fährt auf welcher Route?" in Bild 4.4.1 ist deswegen unverbindlich.

Was gibt es auf welcher Route unterwegs zu sehen? Hierüber berichten wir im nächsten Kapitel.

- Und in einem Punkt bittet Sie jeder Fährschiff-Kapitän um Verständnis: Das Betreten oder Besichtigen der Kommandobrücke, der Maschinenanlage und anderer Betriebsräume des Schiffes ist auf See und im Hafen nicht möglich. Denn die Besatzungsmitglieder müssen sich ständig auf ihre Beobachtungs-, Kontroll- und Wartungsaufgaben konzentrieren und dürfen dabei nicht gestört werden. Es ist hier wie bei Flugzeug und Eisenbahn: Das Cockpit eines Verkehrsflugzeuges und der Führerstand einer Intercity-Lok sind für Flug- bzw Fahrgäste nicht zugänglich. Andererseits wissen die Profis der Fährschifffahrt, daß viele Passagiere sich für die Technik der Fährschiffahrt interessieren.

  Und sie freuen sich über dieses Interesse !

  Folgerichtig finden Sie im Kap. 6 „Das kleine ABC der Schiffstechnik" viele Hinweise auf Einzelheiten und „Innenleben" der Ostseefährschiffahrt.

Fährschiff \ Fährroute	Gelting–Faaborg	Kiel–Bagenkop	Kiel–Göteborg	Kiel–Oslo	Puttgarden–Rödby	Travemünde–Gedser	Travemünde–Trelleborg	Travemünde–Helsinki	Travemünde–Hanko	Travemünde–Bornholm	Travemünde–Polen	Lübeck–Finnland	Saßnitz–Trelleborg	Warnemünde–Gedser	Mukran–Klaipeda	Andere Routen
DANMARK					●											
DEUTSCHLAND					●											
DRONNING MARGRETHE II					●											
FINNJET								●								
GELTING SYD	●															
GEDSER LINK						●										
GÖTALAND													●			
GREIFSWALD															●	
KARL CARSTENS					●											
KLAIPEDA															●	
KONG FREDERIK IX					●											
KRONPRINS HARALD				●												
LANGELAND II		●														
MUKRAN															●	
NILS HOLGERSSON IV							●									
PETER PAN IV							●									
PRINS HENRIK					●											
PRINSESSE RANGHILD				●												
RAILSHIP I									●							
RAILSHIP II									●							
ROGALIN											●					
ROSTOCK													●			
RÜGEN													●			
SCANDINAVIA							●									
SILESIA											●					
SKÅNE													●			
STENA GERMANICA			●													
STENA SCANDINAVICA			●													
SVEALAND							●									
THEODOR HEUSS					●											
TRANSFINLANDIA												●				
TRANSGERMANIA												●				
TRAVEMÜNDE LINK						●										
TRELLEBORG													●			
VILNYUS															●	
WARNEMÜNDE													●	●		
WISMAR															●	

Bild 4.4.1
Welches Fährschiff fährt auf welcher Route? (Unverbindl. Richtangaben, Stand Früh jahr 1988, Änderungen vorbehalten)

Und zum Schluß noch eine kleine Hafenstory
In der für die Schiffahrt schlechten Zeit nach dem II. Weltkrieg befuhren zwei alte Seeleute – nennen wir sie Hein und Fiete – mit einem kleinen Frachtschiff die deutschen Küstengewässer. Eines Tages beschädigten sie in einem Hafen die Kaimauer und mußten deswegen vor dem Seegericht erscheinen. Der Richter merkte bald, daß Hein, weil fast taub, der Verhandlung nur mühsam folgen konnte und sagte schließlich: „Eigentlich hätten Sie beide eine Strafe verdient, aber wenn Ihr mir versprecht, daß Ihr so etwas nie wieder macht, will ich noch einmal Gnade vor Recht gehen lassen". Fiete freudestrahlend: "Jawoll, wir versprechen, daß wir das nie nie wieder tun". Darauf wandte sich der Richter väterlich an Hein: „Aber nun sagen Sie mal, wie können Sie denn ein Schiff führen, wenn Sie fast nichts mehr hören können?". Antwortet Hein stolz: „Jo, Herr Richter, hören kann ick nich, aber ick kann kieken und dat kann Fiete nich"

Und dann war da noch der japanische Seemann, der im Hafen steht und Steine ins Wasser wirft. Ein deutscher Matrose fragt ihn verwundert, was das denn solle. „Na hölen Sie mal, gutel Mann - das flagen Sie? Sie müßten Steine welfen, nicht ich".-"Wie kommen Sie darauf?"-"Da steht doch ein Schild ..Deutsche Welft', und weil niemand wilft, splinge ich eben geln ein und welfe fül alle!".

5. Küsten und Ufer längs der Fährrouten

5.1. Einige Grundbegriffe und Erläuterungen

Vor dem Beschreiben der Küsten und Ufer erläutern wir einige Grundbegriffe und Zusammenhänge. Die Küsten und Ufer verlaufen teils flach, teils hügelig. Eine wesentliche Hilfe bei der Frage „Welche Küste liegt gerade in Sicht?“ bilden Leuchttürme und Landmarken.

Leuchttürme sind, da eigens für die Schiffahrt errichtet, vom Fährschiff aus weit und deutlich und in einem großen Umkreis sichtbar. Einige Leuchttürme stehen an Land, andere im Wasser. Am Tage sind sie an Form und Farbe ihres Turmes, bei Dunkelheit und Nebel an ihrer Licht-Kennung (vgl. weiter unten) erkennbar.

Landmarken sind z. B. Hochhäuser, Türme, Kirchtürme oder Wassertürme. Auch hohe Steilufer sowie Küstenstädte kommen Landmarken gleich. Bei den Landmarken, die ja nicht eigens für die Schiffahrt gebaut wurden, müssen wir zwischen großen (gut und weit sichtbaren) und kleinen (bedingt sichtbaren) Landmarken unterscheiden. Große Landmarken sind vor allem neuzeitliche hohe Gebäude und Türme (z. B. das Marine-Ehrenmal Laboe). Sie sind oft in einem Umkreis von 360 Grad, d. h. von See **und** Land über große Entfernungen sichtbar (Bild 5.1.1).

Und schließlich spielt die Entfernung zwischen Fährschiff und Leuchtturm bzw. Landmarke eine Rolle. In der Nähe der Fährhäfen (z. B. in der Kieler Förde, der Lübecker Bucht oder im Oslofjord) liegen Leuchttürme und Landmarken sehr nah, sind also auch bei mäßiger Sicht und Dunkelheit erkennbar, auf See liegen sie oft weiter entfernt.

Die Interessen und Ansprüche der Fahrgäste sind unterschiedlich. Einige begnügen sich mit wenigen einfachen Beobachtungen, andere möchten ausführlicher beobachten. Um möglichst vielen Wünschen gerecht zu werden, geben wir drei verschiedene Vorschläge zum Beobachten der Küsten und Ufer:

- Für einfache Orientierungen reicht das Beobachten der Landmarken in der Nähe der Fährhäfen und der großen Landmarken auf See aus; allenfalls kann man zusätzlich noch das Beobachten größerer Küstenstädte, an denen das Fährschiff dicht vorbeifährt, einplanen. Hierfür genügen die Übersichtskarten in diesem Kapitel; in den Übersichtskarten sind die großen Landmarken und die gut sichtbaren Küstenstädte durch große schwarze Punkte hervorgehoben. Zum Erkennen der großen Landmarken ist im Text die kürzeste Zeit in Stunden, gerechnet ab Abfahrtzeit des Fährschiffes im deutschen Fährhafen, angegeben, zu der das Fährschiff querab zu der betreffenden Landmarke liegt. „Querab liegen“ heißt, daß die Landmarke unter 90 Grad zum Schiffskurs rechts (R) oder links (L) zu sehen ist. Hierbei ist vorausgesetzt, daß das Fährschiff die im Fahrplan angegebene Fahrzeit einhält.

- Für weitergehende Orientierungen und Beobachtungen müßten Sie den Abschnitt „Das kleine ABC der Leuchttürme“ lesen. Dies ist etwas mühsam, ergibt aber bessere Orientierungsmöglichkeiten. Bei den Leuchttürmen ist, genau wie bei den großen Landmarken, die kürzeste Zeit angegeben, zu der das Fährschiff querab zu dem betr. Leuchtturm liegt.

- Sehr interessierte Schiffahrtsfreunde möchten vielleicht auch die kleinen Landmarken beobachten. Kleine Landmarken sind z. B. ältere Kirchtürme. Sie liegen häufig zwischen Wäldern und Hügeln, und man sieht sie deswegen von See aus oft nur unter einem bestimmten Kompaßwinkel, allenfalls in einem schmalen, um den betreffenden Kompaßwinkel herumliegenden Blickfeld (Bild 5.1.1) und meist nur über begrenzte Entfernungen. Die Zeit, während der eine kleine Landmarke vom Fährschiff aus sichtbar ist, dauert oft nur wenige Minuten. In den Übersichtskarten und Bildern ist für einige solcher bedingt sichtbarer Landmarken der Kompaßwinkel und die ungefähre Zeit, zu der die Landmarke vom Fährschiff aus unter dem jeweiligen Kompaßwinkel sichtbar ist, angegeben.

  - Der Kompaßwinkel zählt von Nord = 0 Grad über Ost = 90 Grad, Süd = 180 Grad, West = 270 Grad bis wieder Nord = 360 Grad.

Zum Beobachten dieser bedingt sichtbaren Landmarken sind ein Fernglas und eine Landkarte nötig (z. B. die Reisekarten „Dänemark 1 : 400 000“ und „Skandinavien 1 : 750 000“ von Mairs Geographischem Verlag). Weiterhin wäre ein Kompaß erforderlich, und hier ergeben sich Schwierigkeiten: Die handelsüblichen Magnetkompasse erfahren durch das Magnetfeld der Eisenmasse des Schiffes eine so starke Ablenkung, daß sie für Amateur-Peilungen an Bord nicht brauchbar sind. Außerdem braucht man den Schiffskurs, den das Fährschiff im Zeitpunkt der Beobachtung fährt.

Man kann sich in einigen Fällen aber überschlägig helfen:
Der Schiffskurs ist auf vielen Fährschiffen auf einer Seekarte, die im Fährschiff aushängt, angegeben. Nun braucht man noch den Differenzwinkel zwischen dem Schiffskurs und dem Kompaßwinkel, unter dem die gesuchte kleine Landmarke sichtbar ist. Diesen Differenzwinkel kann man überschlägig wie folgt ermitteln:

Strecken Sie, gerade stehend, einen Arm waagerecht in Richtung des Schiffskurses nach vorn und halten Sie dabei den Daumen senkrecht nach oben; strekken Sie dann den zweiten Arm unter 45 Grad nach rechts bzw. links und halten

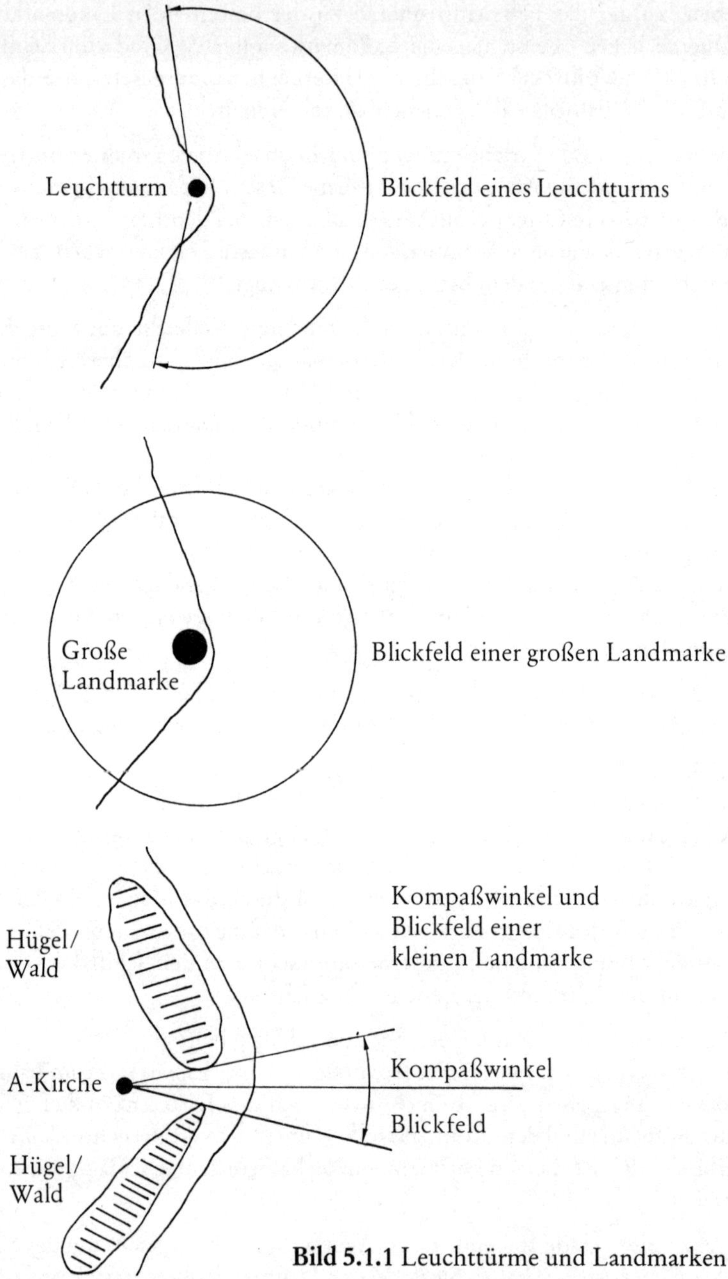

Bild 5.1.1 Leuchttürme und Landmarken

Sie den zweiten Daumen ebenfalls senkrecht nach oben. Dann haben Sie eine behelfsmäßige 45-Grad-Längspeilung gegenüber dem Schiffskurs und Sie können Differenzwinkel, die kleiner als 45 Grad sind, nach Augenmaß schätzen. Das gleiche gilt sinngemäß für eine Querpeilung, bei der der eine Arm quer zum Schiffskurs und der andere Arm entsprechend unter 45 Grad rechts oder links gestreckt wird.

Zwei Beispiele:

Das Fährschiff fährt mit einem Kurs von 45 Grad (d. h. mit Nordostkurs) und für die gesuchte Landmarke ist angegeben „X-Kirchturm in 22 Grad". Dann ergibt sich ein Differenzwinkel zwischen Schiffskurs und Kompaßwinkel der Landmarke von 45 Grad − 22 Grad = 23 Grad; hierfür brauchen wir eine Längspeilung nach links, d. h. rechten Arm in Richtung des Schiffskurses, linken Arm unter 45 Grad nach links strecken und etwa in der Mitte zwischen beiden hochgehaltenen Daumen liegt die gesuchte Landmarke.

Das Fährschiff fährt mit einem Kurs von 180 Grad (d. h. mit Südkurs) und die Landmarke ist unter 250 Grad (also in westsüdwestlicher Richtung) sichtbar. Hierfür brauchen wir eine Querpeilung nach rechts, d. h. rechten Arm quer zum Schiffskurs strecken, linken Arm unter 45 Grad zum Schiffskurs strecken; auch hier liegt die gesuchte Landmarke etwa in der Mitte zwischen beiden hochgehaltenen Daumen.

Und noch einige Hinweise für alle Eigen-Navigatoren:

- Auf den **Seekarten**, in denen die Route des Fährschiffes eingezeichnet ist, sind die **Uhrzeiten** „Wann befindet sich das Fährschiff wo?" meist angegeben.
- Die an Küsten und Ufern vorhandenen Landmarken, Städte und Leuchttürme sind mit „rechts/(R)" bzw. „links/(L)" angegeben. Dies gilt immer in Fahrtrichtung des Schiffes. Wer also auf Deck mit den Füßen nach hinten im Liegestuhl liegt, sieht alles genau umgekehrt.
- Bei sehr dicht aufeinanderfolgenden Landmarken, z. B. in der Kieler Förde, der Lübecker Bucht und in dänischen Gewässern, ist angegeben: „Innerhalb der . . .-ten Stunde (ab Abfahrt im deutschen Fährhafen) sind rechts (R) bzw. links (L) zu sehen . . ."
- Einige linksliegende (L)-Landmarken liegen auf der Hinfahrt etwas weiter entfernt vom Fährschiff und sind deswegen bei unsichtigem Wetter schlecht oder gar nicht zu erkennen. Dann empfiehlt sich das Beobachten dieser Landmarken auf der Rückfahrt, denn der Rückfahrt-Kurs liegt dem Hinfahrtkurs gegenüber oft um mehrere Seemeilen seitlich versetzt.
- Wie groß ist die Sichtweite auf See? – Dies hängt von der Augenhöhe und der Höhe der Landmarke über dem Meeresspiegel ab. Einige Anhaltswerte bei guter Sicht:

Augenhöhe	Höhe der Landmarke	Sichtweite	
Meter über Meeresspiegel		Seemeilen	km
6	6	10	18
10	10	13	24
20	20	18	33
20	30	21	37
20	110	31	56

Ein Fährschiffpassagier, der aus einem 20 Meter über dem Wasserspiegel liegenden Schiffsfenster sieht, kann also ein Gebäude, das auf einem 33 km entfernten und 20 m hohen Steilufer steht, in voller Höhe erkennen.

- Die Entfernungen auf See kann man auch mit Hilfe der senkrechten Breitengrad-Skala auf der Seekarte ermitteln. Der Abstand zwischen zwei Breitengraden entspricht immer 60 Seemeilen, und ein Breitengrad ist in 60 Minuten unterteilt, so daß eine Minute = eine Seemeile ist. Dies gilt nur für die senkrechte Skala und wegen der Erdkrümmung nur für begrenzte Entfernungen, nicht aber für die waagerechte Längengrad-Skala, weil deren Einteilung vom örtlichen Erddurchmesser abhängig ist und deswegen für verschiedene Breitengrade unterschiedliche Werte erbringt.
  Beispiel: Wie lang ist die Strecke von Kiel bis zur Südspitze der Insel Langeland? – Man steckt diese Strecke mit einem Zirkel ab und mißt auf der senkrechten Skala 31 Minuten = 31 Seemeilen = ca. 57 km.

- Meist können und möchten Sie nicht sämtliche Landmarken sehen. Irgendwann muß man ja schlafen und essen; auch kann einmal Nebel oder schlechte Sicht auftreten. Deswegen fertigen Sie sich, soll Ihre Reise besonders gut vorbereitet sein, einen Aussichtsplan mit Hilfe von Bild 5.1.2 an.

Fähr-Route:

Fährschiff:

Reisedatum Hinfahrt . . . . . Rückfahrt . . . . .

Abfahrtzeit Hinfahrt . . . . . Uhr Rückfahrt . . . . . Uhr

Sonnenaufgang Hinfahrt . . . . Uhr Rückfahrt . . . .

Sonnenaufgang Hinfahrt . . . . Uhr Rückfahrt . . . . Uhr

Vollmonddaten . . . . .

HINFAHRT				RÜCKFAHRT			
Uhrzeit	Landmarke	R	L	Uhrzeit	Landmarke	R	L

Bild 5.1.2 Aussichtsplan

Das kleine ABC der Leuchttürme

Früher strahlten die Leuchttürme ein gleichbleibend helles („festes“) Licht aus. Dies wäre heute zu unsicher, weil es mit Lichtern an Land (Straßenlampen, Leuchtreklame) oder mit anderen Leuchttürmen verwechselt werden könnte. Nur an Küsten, die unbewohnt sind oder die keine irreführenden Landlichter haben, wird noch „festes“ Licht auf Leuchttürmen verwendet. Die meisten Leuchttürme strahlen heute weiße, grüne oder rote Lichtstrahlen, Blinke, Blitze oder Funkel aus. Ein Lichtstrahl dauert mehrere Sekunden, ein Blink ca. 2,5 Sekunden, ein Blitz max. eine Sekunde, ein Funkel noch kürzer. Diese Lichtstrahlen, Blinke usw. – erzeugt durch eine in der Glaskuppel des Leuchtturms umlaufende Blende – wiederholen sich ständig. Die Periode einer Wiederholung wird **Wiederkehr** und der kennzeichnende Verlauf der Lichterscheinung eines Leuchtturms wird **Kennung** genannt (Bild 5.1.3).
Oft heißen die Leuchttürme einfach „Feuer“. Dieser Begriff stammt noch aus dem 18. Jahrhundert, als es weder Petroleum noch Elektrizität gab. Damals wurden an der Küste oder auf kleinen vorgelagerten Inseln vor engen und gefährlichen Hafeneinfahrten offene Kohlen- oder Holzfeuer in eisernen Gitterbehältern entzündet, die der Schiffahrt ihren Weg weisen sollten. Dies war mühselig, denn die Kohle mußte von weit her herangebracht und bei Nacht und Nebel mit Schubkarren zu den meist hochgelegenen Feuerstellen gefahren werden.

Wir unterscheiden:

Unterbrochene Feuer senden Lichtstrahlen zwischen Verdunkelungen mit Einzelunterbrechungen oder mit Gruppen von zwei, drei oder vier Unterbrechungen aus (Bild 5.1.3).

Gleichtaktfeuer senden Lichtstrahlen abwechselnd mit Verdunkelungen gleicher Zeitdauer aus (Bild 5.1.3). Beispiel: Der Hjelm-Leuchtturm auf der Insel Hjelm (am Nordausgang des Großen Beltes) hat ein Gleichtaktlicht mit acht Sekunden Wiederkehr (vier Sekunden hell und vier Sekunden dunkel).

Blinkfeuer strahlen Blinke als Einzelblinke oder mit Gruppen von zwei, drei oder vier Blinken aus (Bild 5.1.3). Beispiel: Der Trubaduren-Leuchtturm südlich von Göteborg strahlt innerhalb einer Wiederkehr von 30 Sekunden je drei Blinke aus.

Blitzfeuer strahlen Blitze als Einzelblitze oder mit Gruppen von zwei, drei oder vier Blitzen aus (Bild 5.1.3). Beispiel: Der Keldsnor-Leuchtturm (auf der Südspitze der dänischen Insel Langeland) strahlt innerhalb einer Wiederkehr von 20 Sekunden zwei mal drei Blitze nach fünf Sekunden und 20 Sekunden aus, hat also ein Blitzfeuer mit Gruppen von zwei Blitzen.

Funkelfeuer haben schnell aufeinanderfolgende dauernde oder unterbrochene kurze Funkelblitze. Sie sind, da besonders auffällig, hauptsächlich an Leuchttürmen und schwimmenden Seezeichen (z. B. Leuchttonnen) angebracht, in deren Nähe besondere Gefahren (Untiefen, Wracks) lauern.

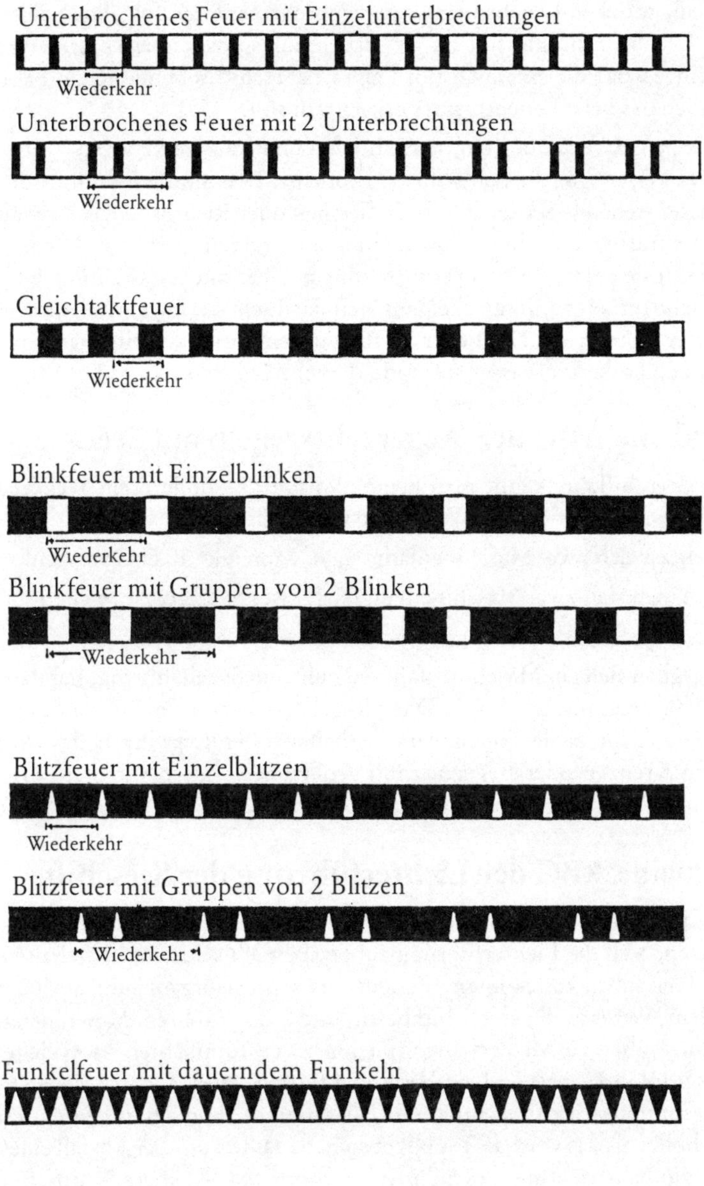

Bild 5.1.3 Einige Leuchtfeuer-Kennungen

Die Kennung und die Länge einer Wiederkehr sind bewußt von Leuchtturm zu Leuchtturm verschieden, damit der Seemann auch bei schlechter Sicht und rauher See weiß, welchen Leuchtturm er gerade sieht. Auf den folgenden Seiten ist für einige Leuchttürme eine mit „E“ (= Erkennungsmöglichkeit) markierte Erläuterung eingesetzt, die einem an Bord eines Fährschiffes befindlichen Fahrgast das Erkennen des betr. Leuchtturmes erleichtern soll.

- In engen Hafeneinfahrten, vor Untiefen und Sandbänken sind oft zusätzliche „Wegweiser“ für die Schiffahrt angebracht. Dies sind schwimmende oder im Wasser stehende Seezeichen, z. B. Tonnen oder Richtbaken, die genau wie die Leuchttürme unterbrochene Lichter ausstrahlen. Für den Nicht-Seemann wirken sie anfangs etwas verwirrend, sind aber mit etwas Übung gut von den Leuchttürmen zu unterscheiden, weil das Licht der Leuchttürme stärker und weiter sichtbar ist. Die Feuerschiffe wurden übrigens weitgehend durch feste (an Land oder im Wasser stehende) Leuchttürme ersetzt.

Das kleine ABC der Wegerechtsregeln auf See

In der Seeschiffahrt kennt man keine „Vorfahrt“, sondern ein **Wegerecht.** Die wichtigsten internationalen Wegerechtsvorschriften sind:

- Kreuzen sich zwei Maschinenfahrzeuge, dann gilt „Rechts vor Links“
- Begegnen sich zwei Maschinenfahrzeuge, ist rechts auszuweichen
- Wegerechtsschiffen ist auszuweichen
- Begegnen sich ein Maschinenfahrzeug und ein Segelfahrzeug, hat das Maschinenfahrzeug auszuweichen. Diese Regel darf jedoch den Führer des Segelfahrzeuges nicht zu leichtsinnigem Verhalten oder Erzwingen des Wegerechts beim Kreuzen oder Begegnen mit großen Seeschiffen verleiten. Große Seeschiffe haben lange Stopwege und können ihren Kurs nur langsam ändern.

Das kleine ABC der Lichterführung der Seeschiffe

Die Bedeutung der Lichter anderer Schiffe ist auch für den Nicht-Seemann leicht zu deuten, weil die Lichterführung auf See bewußt sehr einfach gehalten ist. Bei Dunkelheit (d. h. von Sonnenuntergang bis Sonnenaufgang) und am Tage bei unsichtigem Wetter muß jedes Schiff bestimmte Lichter führen. Maschinengetriebene Schiffe über 50 Meter Länge müssen zwei Topplichter, zwei Seitenlichter (rechts grün, links rot) und ein Hecklicht führen. Diese Lichter dürfen nur in einem bestimmten Sektor sichtbar sein. Das hintere Topplicht muß mindestens 4,5 Meter höher als das vordere Topplicht stehen, damit auch bei Ausfall eines Seitenlichtes die Fahrtrichtung des Schiffes erkennbar ist. Kleinere Schiffe führen nur ein Topplicht; für Motor- und Segelsportboote gelten weitere Vereinfachungen.

Ein großes Schiff darf sich selbst als sog. **Wegerechtsschiff** bezeichnen, wenn es wegen seiner Größe oder seines Tiefgangs eine bestimmte Fahrrinne oder einen

Tiefwasserweg befahren muß und deswegen bei Begegnungen mit anderen Schiffen seinen Kurs nicht ändern kann. Es muß dann bei Tage einen schwarzen Zylinder und bei Dunkelheit drei übereinanderstehende rote Rundum-Lichter zeigen. Dies soll andere Schiffe zur Vorsicht bei Begegnungen mahnen.

Wegerechtsschiffe sieht man besonders häufig in engen Gewässern, z. B. in der Kieler Förde, im Großen Belt und in den schwedischen Schärengebieten. Auch das Fährschiff selbst ist wegen seiner Größe oft ein Wegerechtsschiff; die drei Rundumlichter sind dann vom Oberdeck aus deutlich zu sehen.

Die Lichter der Schiffe sind immer „fest", d. h. sie müssen ständig gleichbleibend leuchten, damit man sie von Leuchttürmen und anderen Seezeichen, die unterbrochene Lichter zeigen, unterscheiden kann.

Darüber hinausgehende Lichter, z. B. die Beleuchtung der Kabinen, Restaurants und Decks auf Fährschiffen, sind erlaubt, sofern sie andere Schiffe nicht blenden. Seeschiffe haben also – für den Autofahrer durchaus ungewohnt – keine Scheinwerfer, denn sie sollen nur gesehen werden und für die eigene Beobachtung und Navigation dienen andere Hilfsmittel. Scheinwerfer werden auf See nur ausnahmsweise, z. B. bei Eisfahrt und in Notfällen eingesetzt.
Es gibt noch eine große Zahl anderer Lichter auf Seeschiffen, z. B. beim Ankern und für Sonderfälle, doch ginge ihre Wiedergabe über den Umfang dieses Buches hinaus.

5.2 Von Gelting nach Faaborg

Während das Fährschiff in Gelting noch am Kai liegt, sehen Sie: Im Norden die Flensburger Außenförde und die Insel Als (Alsen) mit dem Insel-Hauptort Sonderborg (Sonderburg) und die der Insel Als vorgelagerte Halbinsel Kegnaes. Im Osten liegt die Halbinsel Birk (Naturschutzgebiet). Das Südufer der Flensburger Förde gehört zur Bundesrepublik, das Nordufer zu Dänemark; die deutsch-dänische Grenze verläuft etwa in der Mitte der Flensburger Förde.

● Die teils dänische, teils deutsche Schreibweise der Orte in diesem Gebiet ist historisch begründet: Der südliche Teil Jütlands etwa bis Haderlev (Hadersleben) und die Insel Als (Alsen) gehörten als Nordschleswig von 1864 bis 1919 zum Königreich Preußen bzw ab 1871 zum Deutschen Kaiserreich. In Jütland gibt es eine deutsche und in Schleswig-Holstein eine dänische Bevölkerungsminderheit. Die politische, kulturelle und wirtschaftliche Zusammenarbeit zwischen Jütland und Schleswig-Holstein ist seit Jahrzehnten gut und sehr eng

Das Fährschiff verläßt Gelting mit Nordkurs, dreht beim Kalkgrund-Leuchtturm (Bild 5.2.1) auf Ostkurs und passiert die Insel Als an seiner linken Seite. Wenig später (R) die Insel Aerö. Der Einfahrt nach Faaborg sind zahlreiche kleine Inseln vorgelagert, die z.T. nur von 50 bis 100 Personen bewohnt sind. Faaborg

(18.000 Einwohner) ist am Faaborg-Glockenturm und an der Faaborg-Kirche zu erkennen.

Faaborg-Glockenturm und -Kirche in 5 Grad, d. h. von Süden gesehen

Das Gelting-Faaborg-Fährschiff fährt mithin ständig dicht in Landnähe, so daß Küsten und Ufer auch bei mäßiger Sicht gut erkennbar sind.

Auf der Rückfahrt muß das Fährschiff südlich von Als einen kleinen Umweg fahren (Bild 5.2.1). Damit die Fahrgäste an Bord zollfrei einkaufen können. Ein Gesetzeskenner fand nämlich heraus, daß der (direkte) Hinfahrtkurs nur durch deutsche bzw dänische Küstengewässer führt und zollfreier Einkauf setzt voraus, daß wenigstens kurzzeitig die offene See befahren wird. Deswegen muß auf der Rückfahrt eine nordöstlich der Halbinsel Birk liegende gelb-schwarze Tonne, die „Schnaps-Tonne“ („ST“ in Bild 5.2.1) umfahren werden und die Rückfahrt dauert 10 Minuten länger. Die durch diesen Umweg entstehenden jährlichen Treibstoffmehrkosten erreichen einen Betrag, der dem Kaufpreis von drei Mittelklassewagen gleichkommt. Ob diese Bestimmung als Kuriosität oder zum Fördern der Einigung Europas gedacht ist, war nicht zu erfahren.

- Die Rückreise in die Bundesrepublik kann auch über die Fährroute Bagenkop-Kiel geschehen, vgl. Kap. 5.3 (Straßenentfernung Faaborg-Bagenkop 60 km).

5.3 Von Kiel nach Bagenkop (2,5 Std)

Diese Fährroute (Bild 5.4.2) beginnt in Kiel am Oslokai und ist fast identisch mit dem ersten Teil der Routen Kiel-Göteborg und Kiel-Oslo. Die Routenbeschreibung finden Sie deswegen im Kap. 5.4.- Nach dem Passieren des Leuchtturms Kiel fährt das Bagenkop-Fährschiff mit nordöstlichem Kurs nach Bagenkop. Der Hafen Bagenkop kommt ca 45 Minuten vor Ankunft in Sicht.

- Die Rückreise in die Bundesrepublik kann auch über die Fährroute Faaborg-Gelting geschehen, vgl. Kap. 5.2 (Straßenentfernung Bagenkop-Faaborg 60 km).

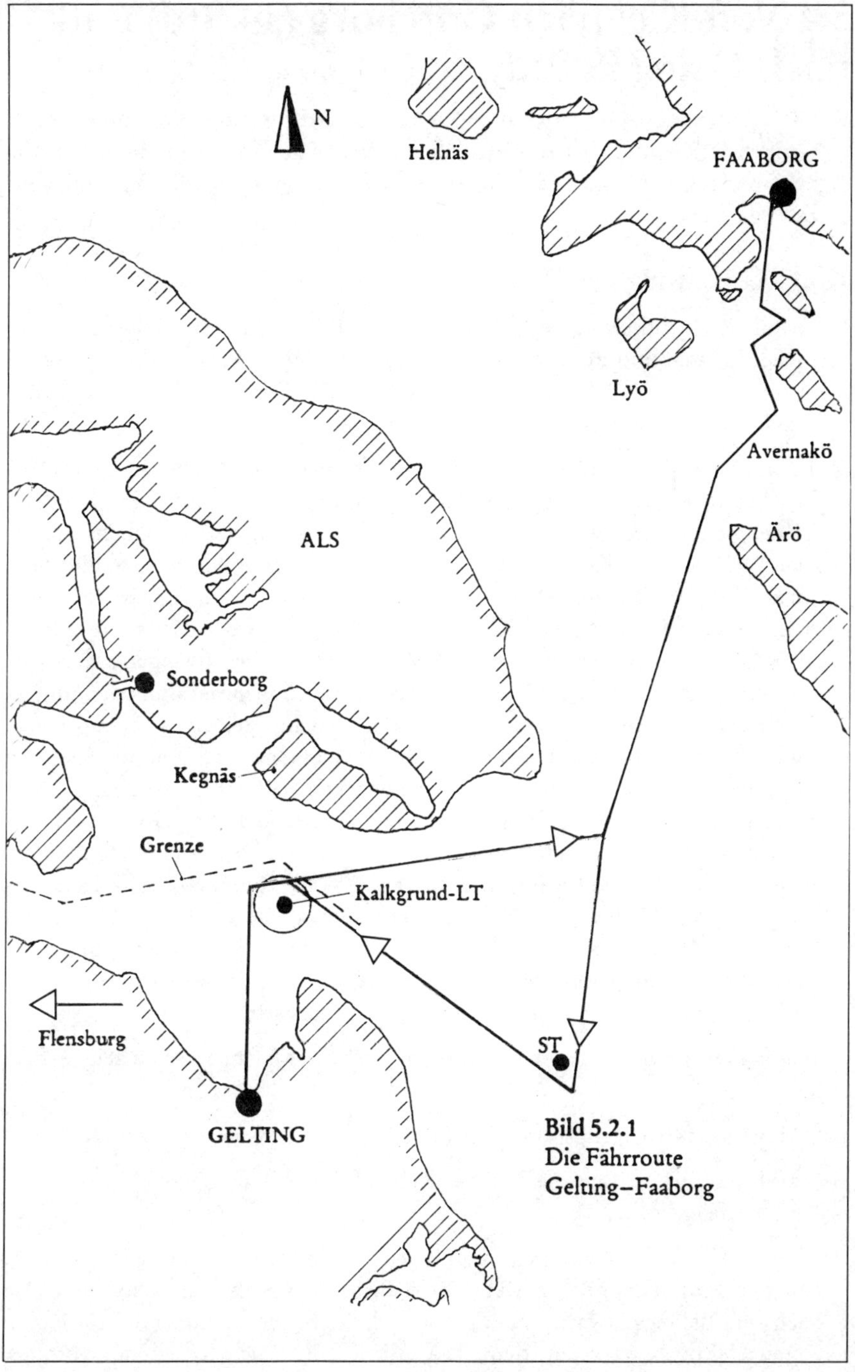

Bild 5.2.1
Die Fährroute
Gelting–Faaborg

5.4 Von Kiel nach Göteborg (14 Std) und nach Oslo (19 Std)

● Die Routen Kiel-Göteborg und Kiel-Oslo sind bis zum Nordausgang des Großen Beltes, d.h. bis zum Beginn des Kattegats fast genau identisch. Wir beginnen mit der Route Kiel-Göteborg, anschließend folgt die Teilroute vom Kattegat bis Oslo.

Kiel–Göteborg

Die Route Kiel–Göteborg beginnt in Kiel am Schwedenkai. Eine Übersicht über den Kieler Hafen und die Kieler Förde zeigt Bild 5.4.1. Solange das Fährschiff noch am Kai liegt, sehen Sie in östlicher Richtung die Werft- und Dockanlagen der Howaldtswerke-Deutsche Werft AG (HDW).

● Die HDW sind eine der größten Werften Europas. Das größte der vier HDW-Trockendocks (1976 fertiggestellt) kann Schiffe bis zu 500 000 t Tragfähigkeit aufnehmen und ist 426 m lang. Der auf diesem Dock stehende, manchmal „das neue Wahrzeichen Kiels" genannte Portalkran ist rund 90 m hoch und hebt Lasten bis zu 900 t. Die Howaldtswerke wurden 1835 von dem Kieler Kaufmann Johann Schweffel am „Kleinen Kiel" in der Nähe der Kieler Altstadt gegründet. Erster Mitarbeiter Schweffels war der Braunschweiger „Mechanikus" August Ferdinand Howaldt. Das Produktionsprogramm der jungen Werft umfaßte damals außer Schiffen auch Kochtöpfe, Öfen, Dampfkessel und Gewehre. 1850 wurde bei Howaldt das erste Unterseeboot, der bekannte „Brandtaucher" gebaut. 1881 wurde die Werft an das Ostufer der Kieler Förde verlegt und 1889 in eine Aktiengesellschaft umgewandelt. Die Howaldtswerke bauten vorwiegend Handelsschiffe. 1937 kaufte das Deutsche Reich die Howaldtswerke; heutige Eigentümer sind zu 75 % die Bundesrepublik Deutschland und zu 25 % das Land Schleswig-Holstein. Zwar wurden die Howaldtswerke im II. Weltkrieg durch Luftangriffe schwer beschädigt, aber nach Kriegsende nicht demontiert; die Alliierten brauchten am Ostausgang des Nordostseekanals eine leistungsfähige Reparaturwerft.

In den ersten Minuten nach dem Ablegen vom Schwedenkai ist zu sehen (Bild 5.4.1):

L: Der Oslokai, Ausgangspunkt der Fährschiffe nach Bagenkop und Oslo

R: Die Mündung der (aus der Holsteinischen Schweiz kommenden) Schwentine in die Kieler Förde.

R: Der im Bau und teilweise schon in Betrieb befindliche Ostuferhafen. Er liegt an der Mündung der Schwentine in die Kieler Förde am Nordufer der Schwentine. Gegenwärtig steht im Bereich des Hafengeländes noch die Ruine eines U-Bootbunkers aus dem II. Weltkrieg, der nach Kriegsende von den

Engländern gesprengt wurde. Seit Ende 1986 wird dort schon Getreide umgeschlagen; im Januar 1988 wurde der Papierterminal fertiggestellt. Auch Eisenbahnanschluß ist vorhanden. Vorgesehen sind Anleger für Fähr-, Ro/Ro- und Massengutschiffe; mit der Fertigstellung des Ostuferhafens wird Anfang der 90er Jahre gerechnet.

L: Die Gebäude der schleswig-holsteinischen Landesregierung und des Landtages (ältere, in den 30er Jahren errichtete Gebäude)

L: Das Segelschulschiff GORCH FOCK (zeitweise)

L: Das Hindenburg-Ufer und der Sporthafen Düsternbrook (Olympiahafen von 1936)

L: Der Scheerhafen und der Tirpitzhafen der Bundesmarine

L: Die Einfahrt zum Nordostseekanal, die Schleuse Holtenau und die Holtenauer Hochbrücke

● Der **Nordostseekanal** ist eine der am meisten befahrenen künstlichen Wasserstraßen der Welt. Er wurde 1895 in Betrieb genommen, mehrmals erweitert und ist heute für Schiffe bis 235 m Länge, 32,5 m Breite, 9,5 m Tiefgang und 40 m Masthöhe (über Wasserspiegel) befahrbar. Er ist 99 km lang und erreicht in Brunsbüttel die Elbe. Zum Regulieren des Wasserstandes auf dem Kanal und zum Ausgleich von Ebbe und Flut der Unterelbe liegen in Holtenau und Brunsbüttel je eine Schleuse. Die Durchfahrt durch den Nordostseekanal dauert sechs bis acht Stunden und verkürzt den Seeweg von der Ostsee nach Hamburg gegenüber dem früher nötigen Umfahren von Skågen (an der Nordspitze Jütlands) um rund 460 Seemeilen. Außerdem entfallen beim Passieren des Nordostseekanals die bei der oft rauhen See im Skagerrak und der östlichen Nordsee für kleine Schiffe drohenden Gefahren.
Aber nicht nur der Schiffahrt, sondern auch dem Land Schleswig-Holstein brachte der Nordostseekanal Vorteile: So wurde z. B. die im Binnenland gelegene Stadt Rendsburg mit der Eröffnung des Kanals zur Hafen- und Industriestadt. Auch die Seeleute freuen sich, wenn sie, solange ihr Schiff in einer der Schleusen liegt, ihre Angehörigen kurz sehen oder anrufen können.

Anschließend sind (während der ersten Fahrtstunde) auf der Kieler Förde nacheinander sichtbar (Bild 5.4.1):

R: Das U-Boot-Ehrenmal Möltenort L: Der Leuchtturm Friedrichsort R: Die Schiffsbegrüßung Strandhalle Laboe R: Das Marine-Ehrenmal Laboe (schiffsstevenförmiger 75 Meter hoher Turm), davor am Strand das U-Boot U 995 aus dem II. Weltkrieg	} Besichtigungen von Land aus möglich

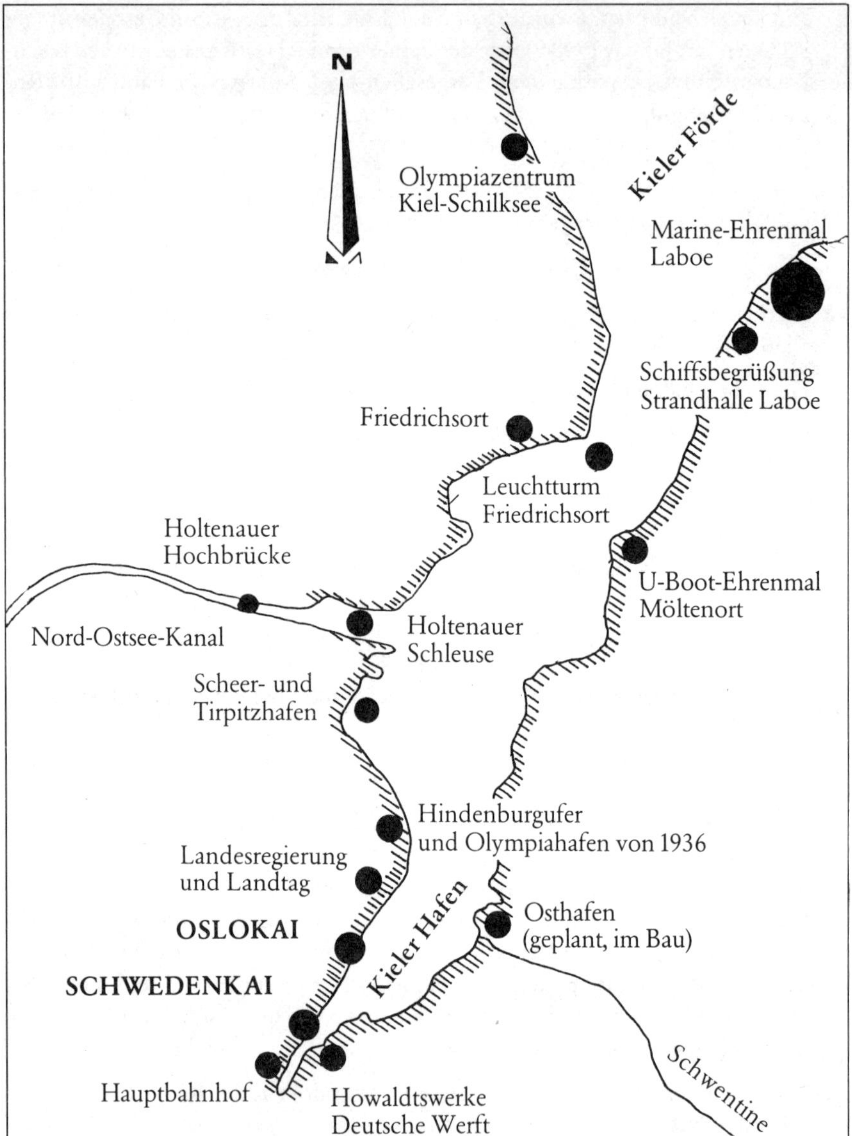

Bild 5.4.1 Kieler Hafen und Kieler Förde

L: Das Olympiazentrum Kiel-Schilksee, erkennbar an einem hohen Hotelgebäude. Dieses Olympiazentrum wurde 1972 zum Austragen der Olympischen Segelwettbewerbe errichtet und besitzt seither einen großen Yachthafen.

L: Das Ostseebad Strande, davor der Leuchtturm Bülk	Bild 5.4.2
R: Das Ferienzentrum Marina Wendtorf	

Am Nordausgang der Kieler Förde beginnt die Kieler Bucht; dort sind nacheinander sichtbar (Bild 5.4.2):

L: Der Leuchtturm Kiel (ehem. „Kiel-Feuerschiff") mit Lotsenstation (1 Std.)

L: Die Eckernförder Bucht, an deren Westende die Stadt Eckernförde liegt

R: Das Ferienzentrum Holm (hohes Gebäude) bei Schönberg in der Probstei

L: Das Ferienzentrum Damp 2000 (hohe Apartmentgebäude), davor die Förderplattformen des Ölgebietes Schwedeneck-See.

R: Die Fehmarnsundbrücke und die Insel Fehmarn	nur bei klarem Wetter sichtbar, da weiter entfernt
L: Die dänische Insel Aerö ($1\,^1/_2$ Std.)	

Die nun folgende Teil-Route durch den Langelandbelt und den Großen Belt ist sehr vielgestaltig, deswegen vorweg eine Übersicht über dieses Seegebiet (vgl. auch Bild 5.4.3):

Die Fahrt führt zwischen den großen dänischen Inseln Langeland und Fünen (L) und Lolland und Seeland (R) hindurch; außerdem liegen in diesem Gebiet mehrere kleine Inseln.

Die Insel Langeland (285 km^2, 25 000 Einwohner) ist 58 km lang und vier bis elf Kilometer breit. Hauptort ist Rudköbing im Westen der Insel. Die Inseln Langeland, Siö, Tasinge und Fünen sind durch zwei Straßenhochbrücken, die Langelandsbroen bei Rudköbing (1962 fertiggestellt, mit 1,7 km Länge drittlängste Brücke Dänemarks) und eine weitere Hochbrücke über den Svendborg-Sund miteinander verbunden. Die Gewässer westlich von Langeland sind für Fährschiffe nicht befahrbar, weil die Langelandsbroen eine Durchfahrthöhe von 26 Meter hat, Fährschiffe aber ca. 42 Meter hoch sind und weil die Ostsee westlich der Südspitze Langelands (also zwischen Langeland und Aerö) sehr flach ist.

Die Insel Fünen liegt nordwestlich von Langeland; ihre größten Städte sind Odense, Svendborg und Nyborg. Die Ostküste Fünens ist nördlich von Langeland in Höhe der Städte Nyborg und Knudshoved vom Schiff aus gut sichtbar. Fünen ist durch eine Eisenbahn- und Straßenhochbrücke bei Fredericia mit der Halbinsel Jütland verbunden.

Die Insel Lolland (Größe 60 mal 30 km, Hauptorte Maribo, Saksköbing und

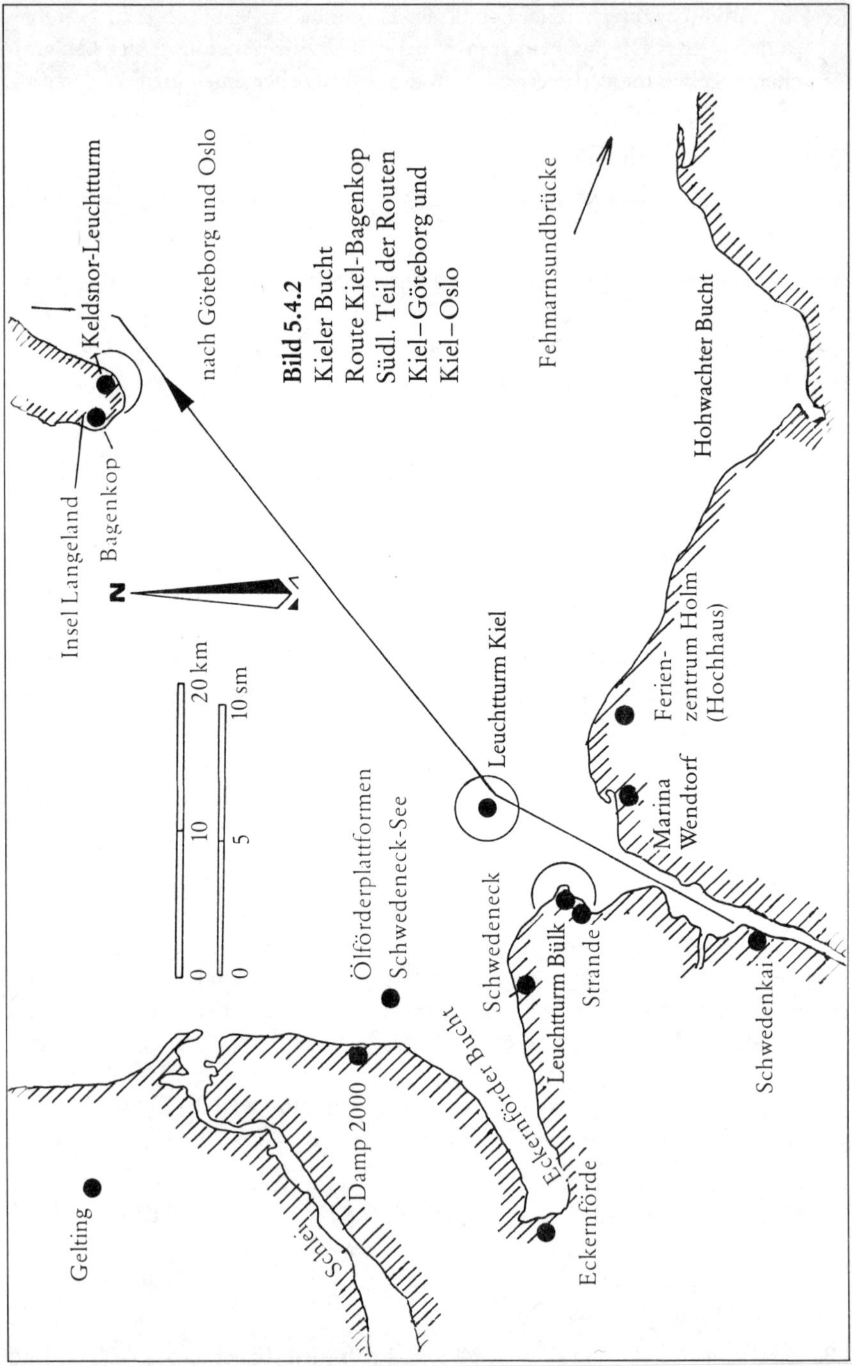

Bild 5.4.2
Kieler Bucht
Route Kiel-Bagenkop
Südl. Teil der Routen
Kiel–Göteborg und
Kiel–Oslo

Nakskov) ist durch mehrere Straßen- und Eisenbahnbrücken mit den Inseln Falster, Mön und Seeland verbunden.

Die Insel Seeland ist die größte dänische Insel; an ihrer Ostküste liegt Kopenhagen.

Langelandbelt und Großer Belt müssen einstweilen noch mit Fährschiffen überwunden werden, die überwiegend von den Dänischen Staatsbahnen (DSB) betrieben werden. Die südlichste Fährverbindung führt von Spodsberg (auf Langeland) nach Tars (auf Lolland, westlich von Nakskov). Weiter nördlich verläuft eine Fährlinie von Lohals (auf Langeland) nach Korsör (auf Seeland). Die wichtigsten innerdänischen Fährverbindungen führen von Knudshoved nach Halsskov und von Nyborg nach Korsör. Auf der Fährroute Nyborg–Korsör betreiben die DSB eine Eisenbahnfährverbindung, auf der auch Schnellzüge von Kopenhagen nach Jütland übergesetzt („trajektiert") werden. Außerdem fährt dort noch eine private Auto-Fährlinie. Die Haupt-Fährroute für Autos von Fünen nach Seeland führt von Knudshoved nach Halsskov, weil diese Verbindung etwas kürzer als die Route Nyborg–Korsör ist (Überfahrtzeit 50 Minuten).

Ein alter verständlicher Wunsch der Dänen ist eine feste Verbindung zwischen Seeland und Fünen, denn das Überwinden des Großen Belts mit Fährschiffen bereitet angesichts der engen wirtschaftlichen Verflechtung der dänischen Inseln große Schwierigkeiten und Kosten. (Man stelle sich einmal vor, durch die Bundesrepublik verliefe etwa längs der Mainlinie eine 14 km breite Wasserstraße ohne Brücken.) Deswegen werden etwa zwischen Korsör und Nyborg in den kommenden Jahren die ersten Arbeiten für eine feste Verbindung über den Großen Belt beginnen.

Durch den Langelandbelt und Großen Belt führt außerdem ein sog. **Tiefwasserweg** für große Schiffe mit bis zu 18 Meter Tiefgang (insbes. Tanker und Massengutfrachter), die wegen ihrer Größe den Nordostseekanal nicht befahren können. Dieser Tiefwasserweg führt nicht geradlinig, sondern in mehreren flachen Windungen durch die beiden Belte. Obwohl die Fährschiffe wegen ihres geringeren Tiefgangs (ca. 6,5 Meter) theoretisch auf den Tiefwasserweg nicht angewiesen sind, befahren sie ihn dennoch, um Vibrationen im Schiff zu vermeiden und um Treibstoff zu sparen, denn der Leistungsbedarf ist in tiefem Wasser geringer als in Flachwasser.

● Weil auf der Fahrt durch Langelandbelt, Großen Belt und Kattegat sehr viele Landmarken dicht aufeinanderfolgen, ist diese Teil-Route in den Bildern 5.4.3 bis 5.4.5 gesondert dargestellt.

Nun zu den Einzelheiten dieses Seegebietes:

2 Std. nach der Abfahrt in Kiel liegt links querab die Südspitze der Insel Langeland, erkennbar an der Bagenkop-Kirche und dem 37 Meter hohen Fakkebjerg; etwas weiter östlich steht der Keldsnor-Leuchtturm (E: Weißer viereckiger Turm

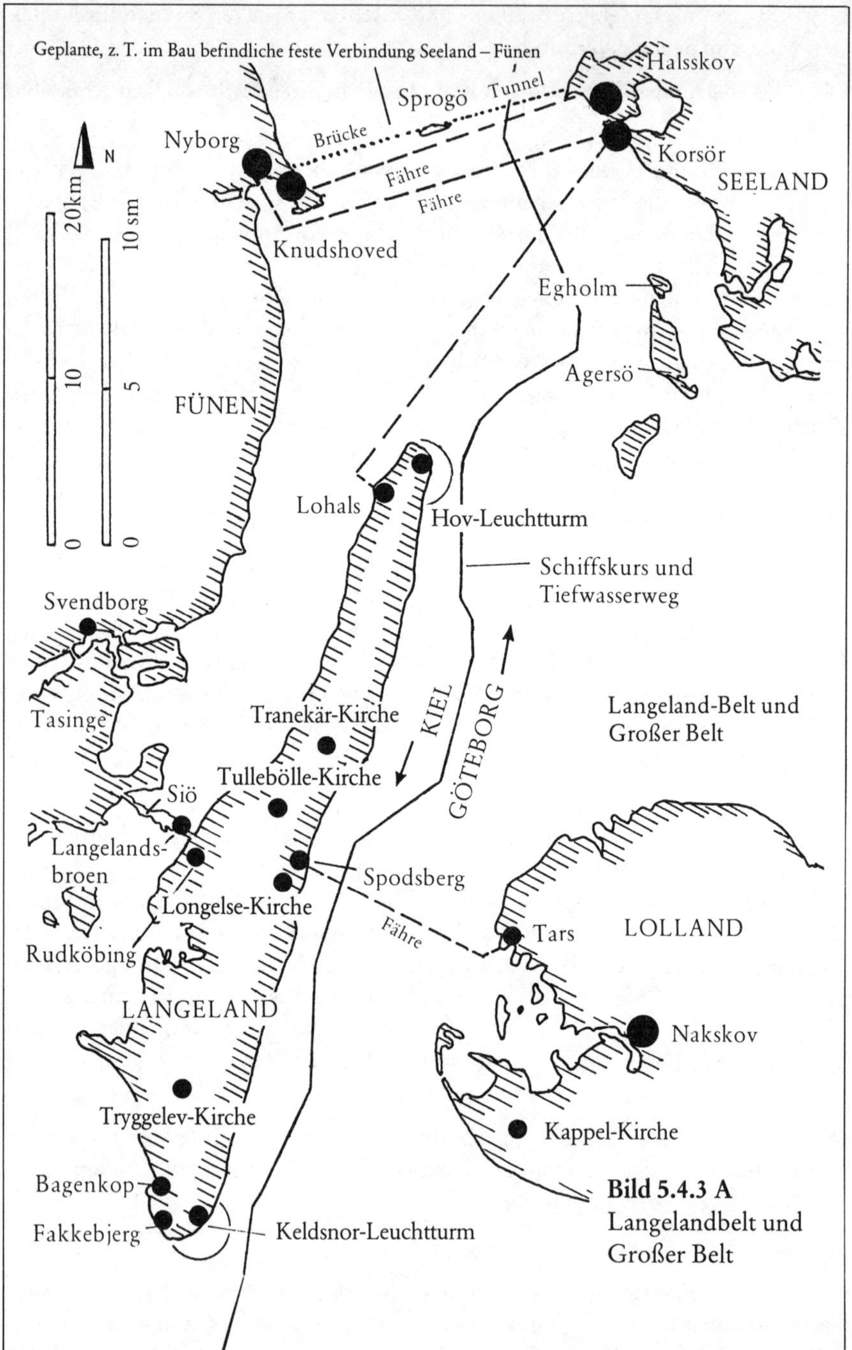

Bild 5.4.3 A
Langelandbelt und
Großer Belt

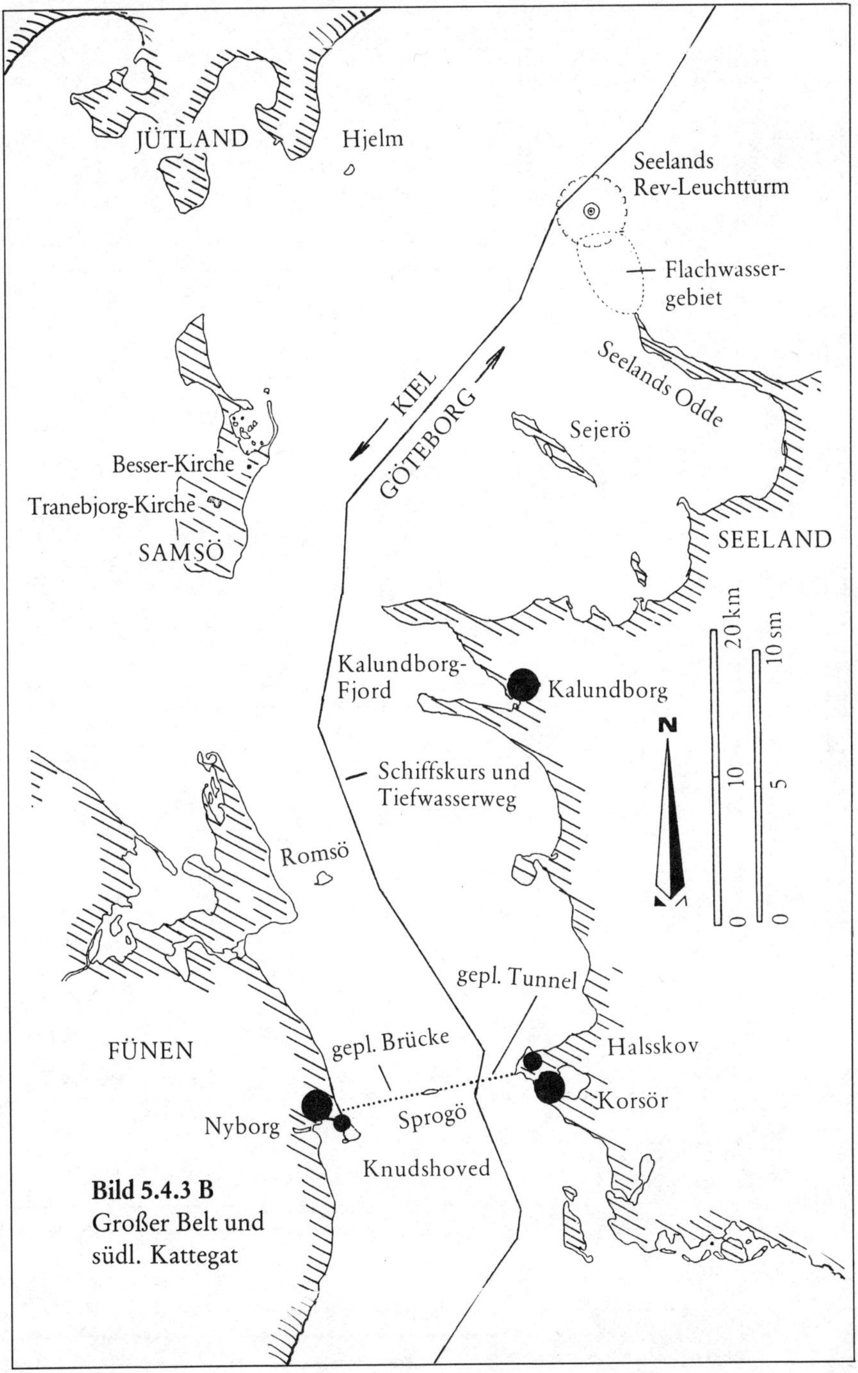

Bild 5.4.3 B
Großer Belt und
südl. Kattegat

	Kiel – Göteborg (Hinfahrt) Zeit ab Kiel	Uhrzeit	LANDMARKEN, LEUCHTTÜRME, STÄDTE LINKS (in Richtung Norden)	RECHTS (in Richtung Norden)		Göteborg – Kiel (Rückfahrt) Zeit ab Göteborg	Uhrzeit
	0.00	19.00	Kiel Schwedenkai			14 Std.	9.00
	1 Std.	20.00	Leuchtturm Kiel			13 Std.	8.00
	1 ½ Std.	20.30	Bagenkop-Kirche in 22 Grad	Kappel-Kirche (auf Insel Lolland) in 70 Grad		12½ Std.	7.30
	2 Std.	21.00	Fakkebjerg und Keldsnor-Leuchtturm querab (E: Weißer viereckiger Turm – Wiederkehr 20 s – 2mal 2 Blitze nach 5 s und 20 s) Tryggelev-Kirche in 300 Grad Longelse-Kirche in 300 Grad Fährhafen Spodsberg querab	Fährhafen Tars u. Stadt Nakskov (auf Lolland) querab		12 Std.	7.00
	während der 3. u. 4. Fahrtstunde		Insel Langeland				
			Fähre Spodsberg – Tars kreuzt				
			Tulleblle-Kirche in 315 Grad Tranekär-Kirche in 295 Grad				
	4 Std.	23.00	Hov-Leuchtturm querab (E: rot-weiß-grauer Turm – Gleichtaktlicht mit 4 s Wiederkehr)	Inseln Omö, Agersö, Egholm		10 Std.	5.00
	bis 7. Fahrtstunde →		Fähre Lohals – Korsör kreuzt				
			Knudshoved und Nyborg (auf Insel Fünen) querab	Korsör und Halsskov (auf Insel Seeland) querab			
(Richtung Norden) →			Fähren Nyborg – Korsör und Knudshoved – Halsskov kreuzen		← (Richtung Süden)		

HINFAHRT (Fahr	wäl				RÜCKFAHRT (Fah		
			Insel Sprogö querab	Stadt Kalundborg (Seeland) querab			
	6 Std.	1.00	Insel Samsö mit Traneberg-Kirche und Besser-Kirche querab	Insel Sejerö mit Sejerö-Kirche und Sejerö-Leuchtturm querab (E.: Grauer runder Turm – Wiederkehr 15 s – nach 5 s und 15 s je 2 Blinke Seelands Odde (Nordwestspitze Seelands auf schmaler langer Landzunge) querab		8 Std.	3.00
			Am Nordausgang des Großen Belts etwa in Höhe von Seelands Odde beginnt das Kattegat				
	7 Std.	2.00	Begegnung mit dem aus Göteborg (bzw. Kiel) kommenden Gegenschiff			7 Std.	2.00
	7 ½ Std.	2.30	Insel Hjelm mit Hjelm-Leuchtturm (E: Weißer runder Turm – Gleichtaktlicht mit 8 s Wiederkehr) querab			4 Std.	23.00
	8 ½ Std.	3.30	Stadt Grenå (auf Jütland) querab				
	10 Std.	5.00	Insel Anholt mit Anholt-Leuchtturm querab (E: Weißer runder Turm mit rotem Oberteil – Wiederkehr 10 s – nach 0,5 s und 10 s je 1 Blitz)				
	12 Std.	7.00	Insel Laesö	**Bild 5.4.4**		2 Std.	21.00
	13 Std.	8.00	Trubaduren-Leuchtturm und Vinga-Leuchtturm	Langelandbelt, Großer Belt, Kattegatt		1 Std.	20.00
	14 Std.	9.00	Göteborg			0.00	19.00

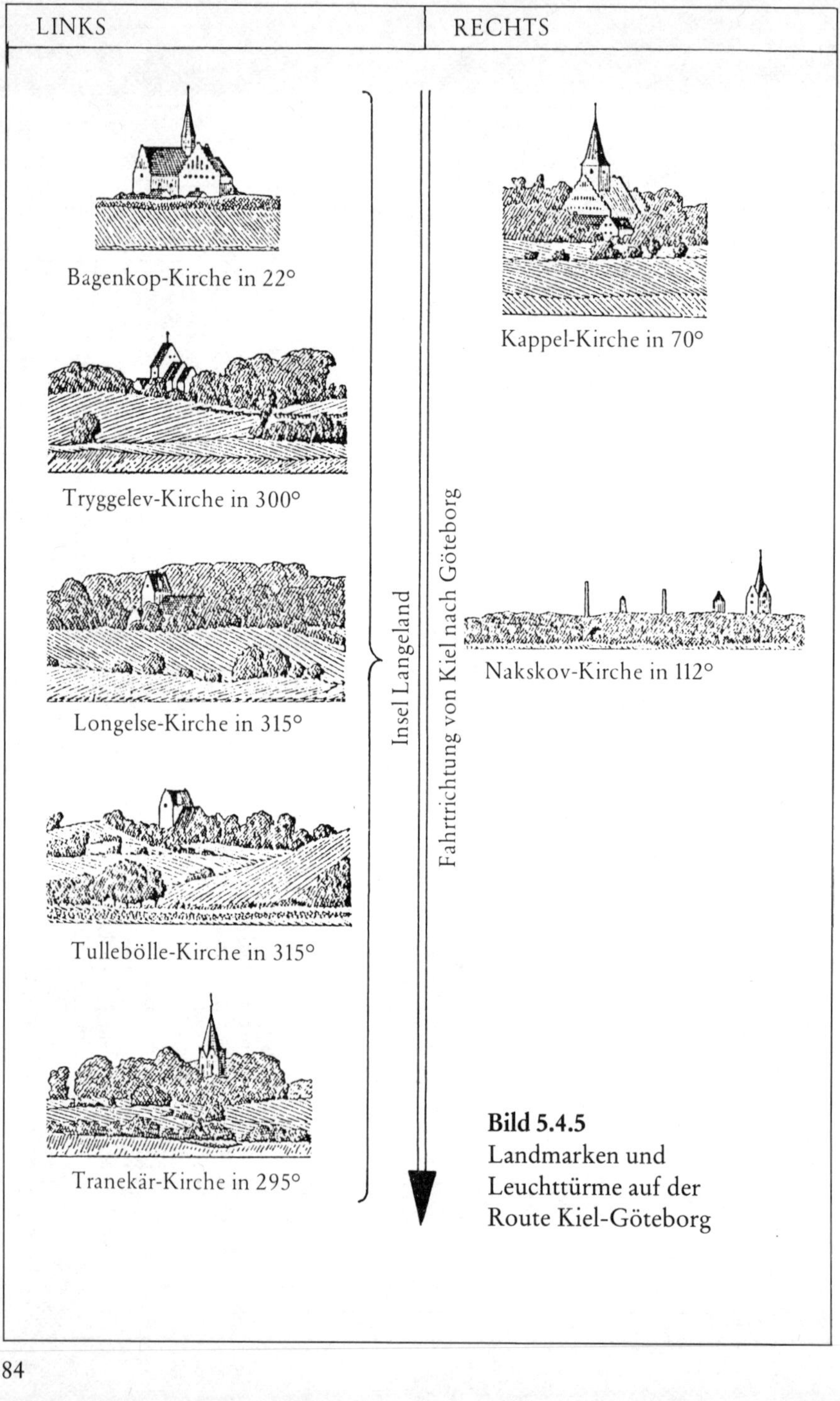

Bild 5.4.5
Landmarken und Leuchttürme auf der Route Kiel-Göteborg

LINKS	RECHTS

Fahrtrichtung von Kiel nach Göteborg

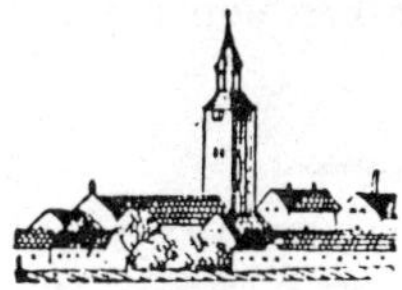

Korsör-Kirche in 80°

Kalundborg-Kirche in 55°

Tranebjerg-Kirche in 248°

Sajerø-Leuchtturm in 56°

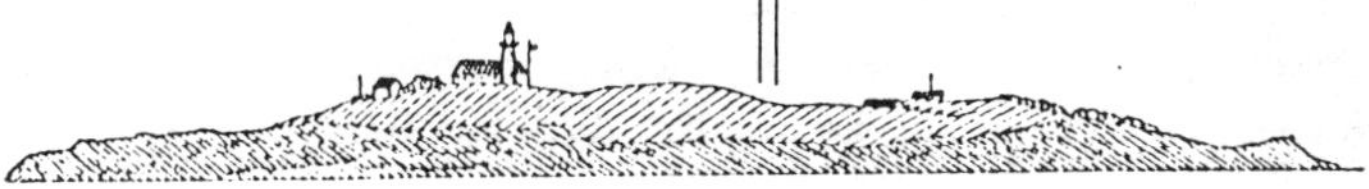

Insel Hjelm in 214° (L)

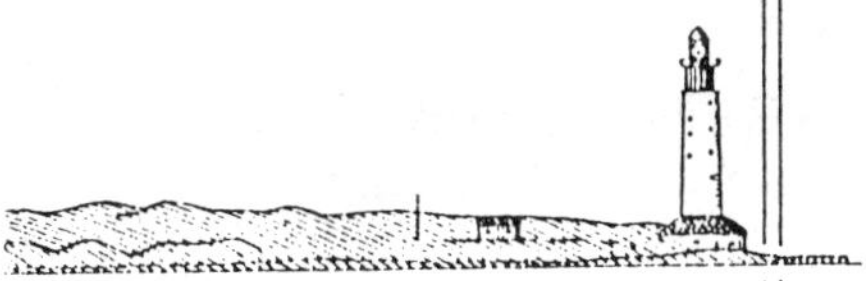

Anholt-Leuchtturm in 270°

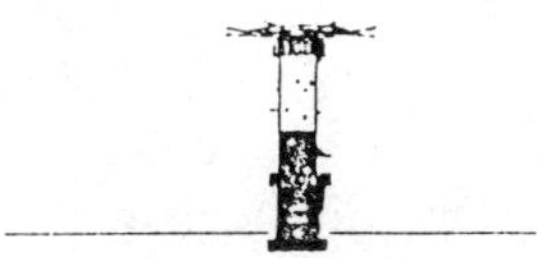

Trubaduren-Feuer

Noch Bild 5.4.5

– Wiederkehr 20 Sekunden – zwei mal zwei Blitze nach fünf Sekunden und 20 Sekunden). Östlich der Insel Langeland ändert das Fährschiff, das bis jetzt nordöstlichen Kurs fuhr, seinen Kurs fast nach Norden und erreicht, zwischen Langeland (L) und Lolland (R) hindurchfahrend den Langelandbelt und danach den Großen Belt.

- Weiter bis zur Insel Anholt siehe Bilder 5.4.4 und 5.4.5.

Etwa am Ende der 10. Fahrtstunde (L) die Insel Anholt. Das Fährschiff fährt östlich an Anholt mit nördlichem Kurs vorbei und am Ende der 11. Fahrtstunde kommt (R) die schwedische Küste in Sicht. Anholt ist elf km lang und bis zu vier km breit; die höchste Erhebung ist 48 Meter hoch. Auf Anholt gibt es Strände und an der Westseite liegt ein kleiner Hafen.

Nach zwölf Fahrtstunden (L) in 14 sm (26 km) Entfernung die Insel Laesö; gleichzeitig nähert sich das Schiff der schwedischen Küste auf zehn sm. Laesö ist mit einer Größe von 20 km mal zehn km größer als Anholt und liegt elf Seemeilen östlich von Jütland. Die höchste Erhebung ist eine 24 Meter hohe Dünenkette auf der Nordseite der Insel. Im Norden und Westen der Insel liegt je ein kleiner Hafen.

Nach 13 Stunden wird (L) der Trubaduren-Leuchtturm passiert (E: Runder im Wasser stehender Turm – Nach 30 Sekunden drei Blinke) und wenig später (L) der Vinga-Leuchtturm (E: Auf einer Insel stehender dunkler Turm – Nach 30 Sekunden zwei Blinke). Auf der Höhe des Vinga-Leuchtturms beginnt das Schärengebiet vor dem Göta-Älv und damit die Einfahrt nach Göteborg.

- Versäumen Sie nicht, sich das **landschaftlich sehr reizvolle Schärengebiet** vor der Einfahrt nach Göteborg, beginnend ca. eine Stunde vor der Ankunft in Göteborg, anzusehen, möglichst auch auf der Rückfahrt.

Ca. 30 Minuten vor der Ankunft liegt (L) die Älvsborgs-Festung (erbaut in der Mitte des 17. Jahrhunderts) auf einer Insel an der Mündung des Göta Älv; sie bewacht die Einfahrt nach Göteborg.

Zehn Minuten später die Älvsborg-Hängebrücke, deren Durchfahrthöhe von 45 Meter für das 42 Meter hohe Fährschiff gerade ausreicht. Die Brücke wurde von Krupp erbaut und 1958 fertiggestellt.

Nach 14stündiger Fahrt legt das Fährschiff 1 km östlich der Hängebrücke am Südufer des Göta Älv an. Auf dem gegenüberliegenden Nordufer des Göta Älv liegen große Hafen- und Werftanlagen. Das Zentrum Göteborgs mit Altstadt und Hauptbahnhof liegt 2,5 km östlich des Fährhafens Göteborg, ebenfalls am Südufer des Göta Älv, ist also mit dem Auto rasch erreichbar.

Kiel–Oslo

Diese Route beginnt in Kiel am Oslokai. Bis zum Beginn des Kattegats ist sie (wie erwähnt) fast identisch mit der Route Kiel-Göteborg. Die Landmarken, Städte und Leuchttürme im Langelandbelt und Großen Belt kommen allerdings früher in Sicht, weil die Oslo-Fährschiffe in diesem Gebiet etwas schneller fahren als die Göteborg-Fährschiffe.

Kleine Oslo-Fährschiffe befahren das **westliche** Kattegat, passieren nach sieben Fahrtstunden (L) die Stadt Grena und fahren weiter mit nördlichem Kurs zwischen der Insel Laesö (R) und Jütland (L) hindurch. Nach 12 Fahrtstunden (L) querab Kap Skagen, die nördlichste Spitze Jütlands und Dänemarks, erkennbar am Skagen-Leuchtturm (E: Grauer runder Turm – Im Abstand von vier Sekunden ein Blitz). Nördlich von Kap Skagen beginnt das nach Westen zur Nordsee offene Skagerrak.

Große Oslo-Fährschiffe (z. B. das Fährschiff KRONPRINS HARALD) fahren im **mittleren** Kattegat bis zur Höhe des Vinga-Leuchtturmes etwa die gleiche Route wie die Göteborg-Schiffe, passieren also die Inseln Anholt und Laesö östlich (L) nach acht bzw zehn Fahrtstunden und erreichen dann das Skagerrak.

Etwa drei Stunden vor der Ankunft in Oslo läuft das Fährschiff in den 44 Seemeilen (80 km) langen **Oslofjord** ein. Im südlichen Teil des Oslofjords liegen die Städte Frederikstad (R) und Sandefjord (L), weiter nördlich die Städte Horten (L) und Moss (R). Südlich von Horten steht eine große Ölraffinerie, deren Tanks deutlich sichtbar sind und die von 350.000-t-Tankern angelaufen werden kann. Zwischen Horten und Moss kreuzen in kurzen Zeitabständen Doppelend-Fährschiffe, bei denen das Wenden in Horten und Moss entfällt.

Eine Stunde vor Ankunft in Oslo die Stadt Drobak (R) und die schmalste Stelle des Oslofjords. Das Schiff fährt in diesem Gebiet an einigen Stellen nur 100 meter an den steil aus dem Fjord ragenden hohen Felsen vorbei.

- Versäumen Sie nicht, sich den landschaftlich sehr schönen Oslofjord spätestens ab Horten/Moss, d.h. zwei Stunden vor der Ankunft in Oslo, anzusehen.

Als „erster Gruß“ Oslos der Flughafen Fornebu (L), danach die Halbinsel Bygdoy (L). Die Fahrt endet am Hjortneskaia, 1 km südwestlich vom Stadtzentrum Oslo.

Eine Zeitübersicht für die Route Kiel-Oslo zeigt der Kasten.

Fahrzeit Stunden	Uhrzeit	Landmarken usw.	Fahrzeit Stunden	Uhrzeit
0.00	13.30	Kiel Oslokai	19.30	9.00
0.50	14.20	Leuchtturm Kiel (L)	18.50	8.20
4.00	17.30	Städte Korsör (R), Nyborg (L)	15.30	5.00
5.45	19.15	Seeland Odde (R)	13.15	2.45
10.00	23.30	Laesö (R) / (L)	8.40	22.10
11.30	1.00	Kap Skagen (L)	7.00	22.10
16.00	5.30	Einfahrt Oslofjord	3.10	16.40
17.45	6.45	Städte Moss (R), Horten (L)	2.00	15.30
18.30	8.00	Stadt Drobak	1.10	14.40
19.00	9.00	Oslo	0.00	13.30

Landmarken auf der Route Kiel–Oslo

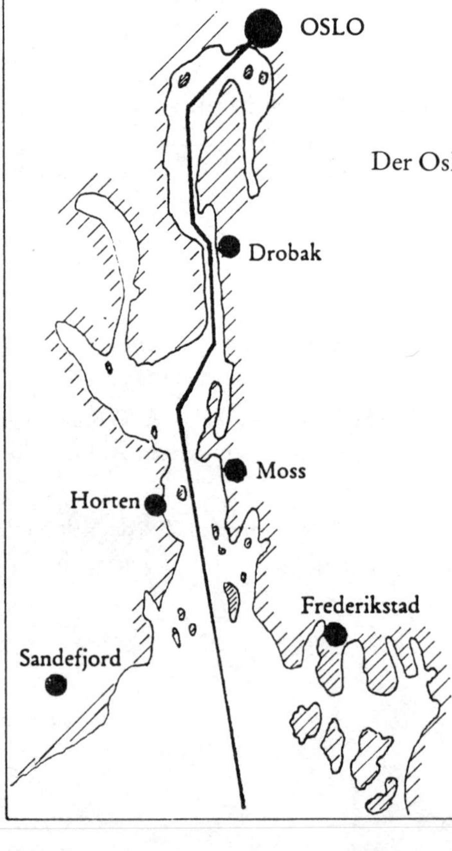

Der Oslofjord

5.5 Von Puttgarden nach Rödby (50 Minuten)

Einige Angaben über diese Route haben wir im Kap. 3 schon genannt. Besondere markante Punkte gibt es hier nicht, jedoch ist der Querverkehr in beiden Richtungen sehr stark, weil die gesamte Schiffahrt aus dem Nordostseekanal, der Kieler Bucht und dem Großen Belt in die mittlere Ostsee hier zusammenläuft und den Fehmarnbelt passieren muß. Durch den Fehmarnsund (also südlich von Fehmarn unter der Fehmarnsundbrücke hindurch) können nur sehr kleine Schiffe und Sportboote fahren. Das frühere Fehmarnbelt-Feuerschiff wurde 1984 eingezogen (es liegt jetzt als Museumsschiff in Lübeck, vgl. Kap. 7) und durch eine schwimmende Leuchttonne ersetzt.

5.6 Von Travemünde nach Gedser

- Die in Travemünde beginnenden Fährrouten sind nicht alphabetisch, sondern nach geographischen Gesichtspunkten geordnet. Bis etwa zur Höhe von Gedser verlaufen diese Routen fast gleich.

Während Ihr Fährschiff noch am Kai liegt, haben Sie eine gute Aussicht auf die beiden in südöstlicher Richtung liegenden Trave-Ausbuchtungen, die Pötenitzer Wiek und den Dassower See (Bild 5.6.1), die beide zur Bundesrepublik Deutschland gehören.

Die erste Fahrtstunde

Trave-abwärts unmittelbar neben dem Skandinavienkai liegt der Travemünder Fischereihafen und anschließend sind (L) das Zentrum des Badeortes Travemünde mit Liegeplatz der Ausflugsschiffe (am Ostpreußenkai), das Hotel Maritim (113 Meter hoch, 35 Stockwerke, oben Aussichtsrestaurant), das Meerwasser-Hallenschwimmbad und der Badestrand zu sehen.

Auf der rechten Seite der Trave unmittelbar gegenüber dem Hotel Maritim liegt das Großsegelschiff PASSAT (vgl. Kap. 7).

Der Liegeplatz der PASSAT befindet sich auf der westlichen Spitze der Halbinsel Priwall. Auf dem Priwall ist eine der vielen Folgen der Teilung Deutschlands spürbar: Die Landverbindung zum Priwall führt über mecklenburgisches Gebiet, aber 1500 meter östlich des Liegeplatzes der PASSAT verläuft die Grenze zur DDR, die 1952 von den DDR-Behörden gesperrt wurde. Der Priwall ist deswegen seither nur mit einer Flußfähre von Travemünde aus erreichbar. Dennoch ist der Priwall ein lebendiges Wohn-, Gewerbe- und Feriengebiet, sogar mit FKK-Strand (direkt an der Grenze zur DDR gelegen) geworden.

Nach dem Passieren der Trave-Enge zwischen Passathafen (R) und Hotel Maritim

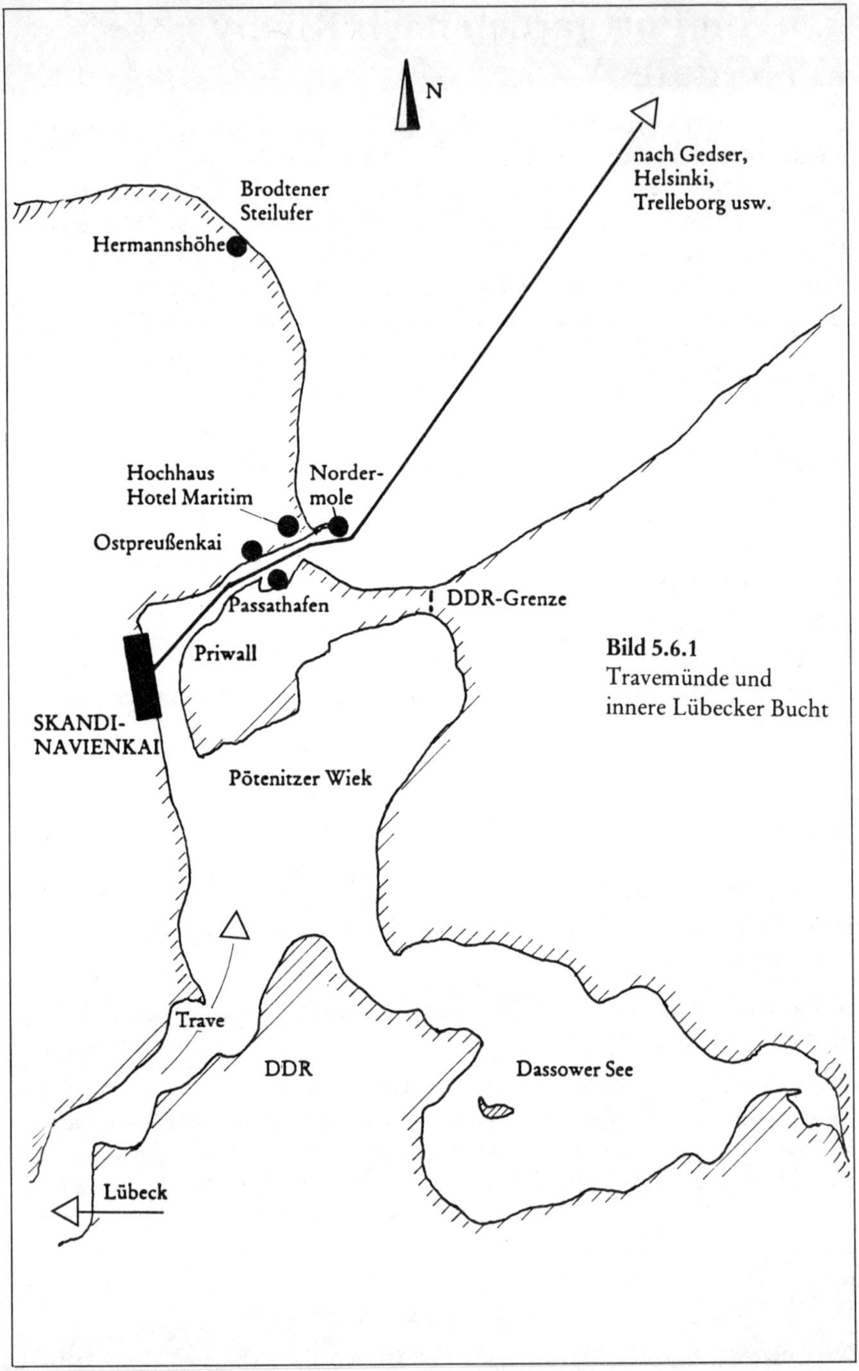

Bild 5.6.1
Travemünde und
innere Lübecker Bucht

und Nordermole (L) kommt das Fährschiff in die Lübecker Bucht und damit in die Ostsee (Bild 5.6.2). Auf der rechten Seite der Fahrrinne die deutsch-deutsche Wassergrenze, durch gelbe Tonnen markiert.

Auf der linken (westlichen) Seite der Lübecker Bucht liegen nacheinander die Ostseebäder Niendorf, Timmendorfer Strand, Scharbeutz und Haffkrug. Rechts ist auf dem Priwall der nördlichste Punkt der DDR-Grenze zu erkennen (Wachturm) und dahinter liegt „Niemandsland". Diesen Teil der mecklenburgischen Küste darf die DDR-Bevölkerung nämlich nicht betreten. Nur einige Lübecker Fischerboote sieht man gelegentlich vor dieser Küste liegen; sie fischen dort aufgrund alter, aus dem Mittelalter stammender Lübscher Fischereirechte. Das westlichste Ostseebad der DDR ist Boltenhagen, etwa 15 km östlich der DDR-Grenze gelegen, vom Fährschiff aus nicht sichtbar, vgl. aber Kap. 7.

30 Minuten ab Travemünde (L) steht der 100 meter hohe Holsteinturm bei Sierksdorf (vgl. Kap. 7) und daneben liegt Neustadt/Holstein mit seinem Fischereihafen, dem Liegeplatz der Boote des Bundesgrenzschutzes und einem Stützpunkt der Bundesmarine (Bild 5.6.2).

45 Minuten ab Travemünde steht (L) der Dahmeshöved-Leuchtturm nahe dem Ostseebad Dahme (Bild 5.6.2; E: Achteckiger Turm – Wiederkehr 12 Sekunden – nach drei, sechs und 12 Sekunden je drei Blitze). Blicken Sie etwa an dieser Stelle einmal zurück nach Travemünde. Oben auf dem Gebäude des Hotels Maritim ist in 113 Meter Höhe der Travemünde-Leuchtturm angebracht (E: Im Abstand von vier Sekunden ein Blitz). Er ist der höchste Leuchtturm Europas und vom Schiff aus bis zu einer Entfernung von 30 Seemeilen (55 km) sichtbar.

Die zweite Fahrtstunde

Nach 1,5 Stunden ist (L) bei guter Sicht die Fehmarnsundbrücke (Bild 5.6.3) zu erkennen. Rechts neben der Fehmarnsundbrücke drei Hochhäuser in dem Badeort Burgtiefe auf der Insel Fehmarn. Unmittelbar danach der Staberhuk-Leuchtturm an der Ostküste der Insel Fehmarn (Bild 5.6.3. E: Turm mit roter Laterne – Wiederkehr 16 Sekunden – je ein Lichtstrahl von drei und elf Sekunden Dauer). Der Staberhuk-Leuchtturm ist der östlichste Punkt der bundesdeutschen Ostseeküste (11 Grad 19 Minuten östl. Länge).

Die dritte und vierte Fahrtstunde

Nach ca drei Stunden rechts querab die Einfahrt nach Warnemünde und Rostock. Deutlich sichtbar sind die hohen Kräne und Anlagen der Warnow-Werft in Warnemünde.

Längs der Strecke Travemünde-Gedser fahren oder liegen (R) in unregelmäßigen Abständen Wachboote der DDR-Marine, meist vom Typ KRAKE, erkennbar an ihrer dunkelgrauen Farbe.

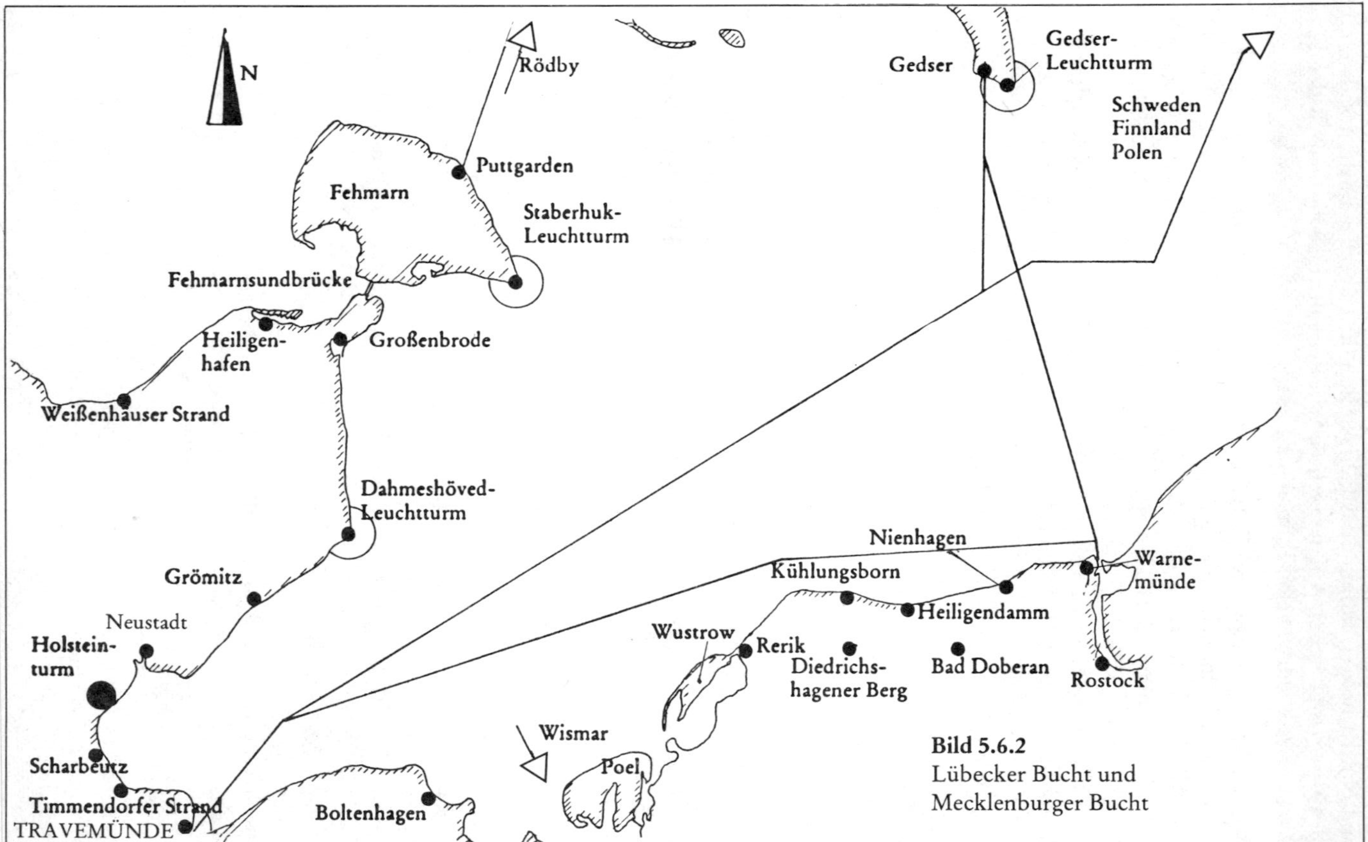

Bild 5.6.2
Lübecker Bucht und
Mecklenburger Bucht

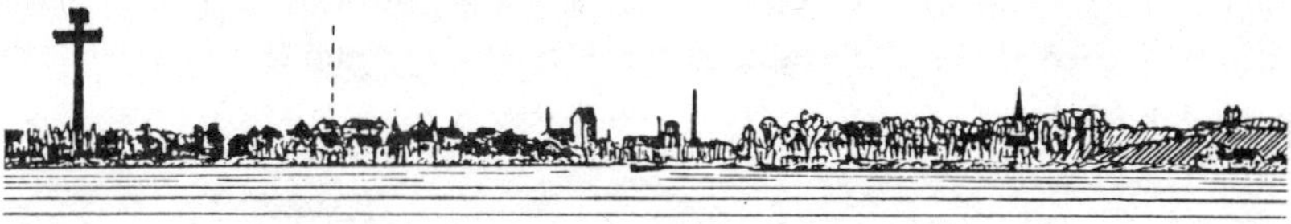

Sierksdorf mit Holsteinturm (links) und Neustadt

Dahmeshöved-
Leuchtturm in 322°

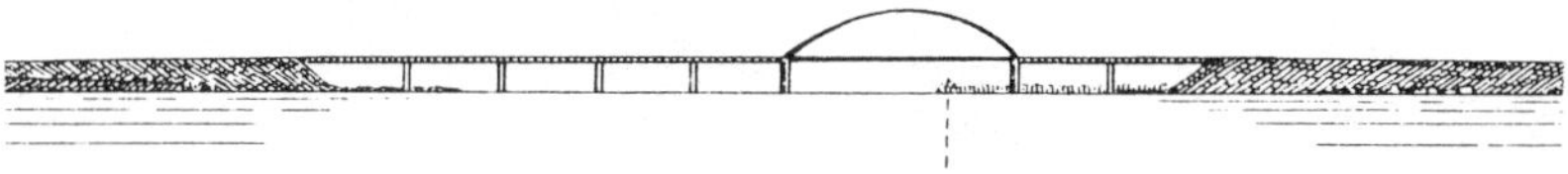

Fehmarnsund-Brücke von Osten gesehen

Staberhuk-Leuchtturm
in 276°

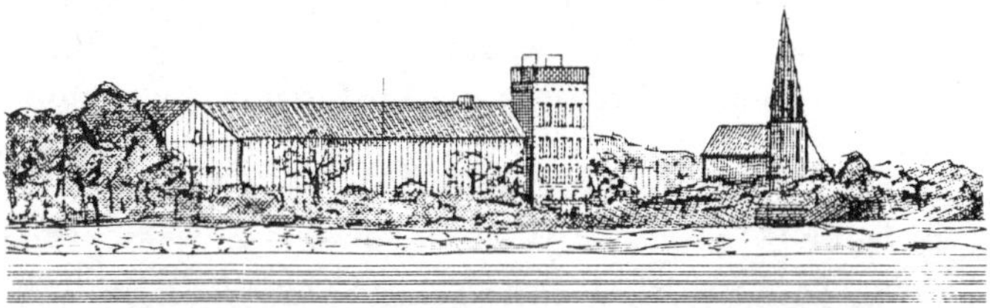

Wustrow, Ingenieurhochschule und Kirche in östlicher Richtung

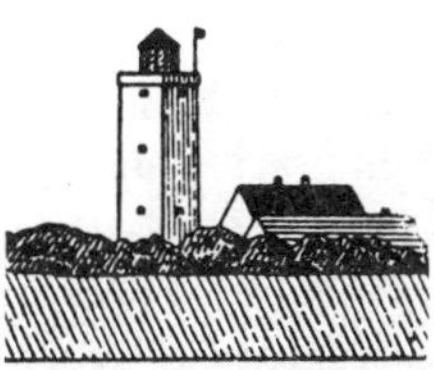

Gedser-Leuchtturm
in 326°

Gedesby-Kirche
in 292°

Mön-Leuchtturm
in 270°

Bild 5.6.3 Landmarken in der Lübecker Bucht

Nach 3,5 Stunden erreicht das Fährschiff den Fährhafen Gedser auf der dänischen Insel Falster. Erkennbar ist Gedser am Gedser-Leuchtturm (E: weißer sechseckiger Turm – Wiederkehr 20 Sekunden – nach vier, sieben und 20 Sekunden je drei Blitze) und der Gedesby-Kirche (Bild 5.6.3).

5.7 Von Travemünde nach Trelleborg und Malmö (8 bis 9 Std)

Bis Gedser vgl. Kap. 5.6.- Das Trelleborg-Fährschiff fährt südlich an Gedser mit Nordostkurs vorbei. Etwa auf gleicher Höhe wie Gedser liegt (R) querab das Ostseebad Wustrow an der DDR-Küste, erkennbar an dem langgezogenen Gebäude der Ingenieurhochschule Wustrow (Bild 5.6.3).

Nach vier Stunden ebenfalls rechts querab der Leuchtturm Darßer Ort auf der Nordspitze der Halbinsel Darß.

Nordöstlich von Falster nach ca fünf Stunden (L) die Insel Mön, erkennbar an der 140 meter hohen Steilküste Möns Klint und am Mön-Leuchtturm (E: Viereckiger Turm- Wiederkehr 30 Sekunden – nach fünf, zehn, 15 und 30 Sekunden je vier Blitze).

- Kleiner Exkurs: Möchten Sie diesen Teil der Ostsee auch von Land aus beobachten? Dann sei ein Besuch der Steilküste Möns Klint empfohlen. Die Anfahrt ist von Gedser (80 km) oder Rödby (100 km) nicht gerade kurz, doch ist das Ziel lohnend. Vom großen Parkplatz und Restaurant direkt unterhalb der Steilküste einige Minuten Fußweg über Treppen bis zur 140 meter über der Ostsee liegenden Steilküste. Oben weite Aussicht in östlicher Richtung; die Schiffe auf den von Deutschland nach Schweden führenden Routen sind deutlich zu sehen. Die Steilküste ist oben dicht bewaldet, so daß auch starker Ostwind die Besucher kaum belästigt.

Als „erster Gruß" Schwedens jetzt voraus der Falsterborev-Leuchtturm in Sicht (E: Im Wasser stehender Turm mit Helikopterdeck – Gleichtaktlicht mit acht Sekunden Wiederkehr). Der südwestlichste Teil der schwedischen Küste ist die Halbinsel Falsterbo, erkennbar an der Falsterbo-Kirche (Bild 5.7.1) und am Falsterbo-Leuchtturm (Bild 5.7.1; E: Runder Turm – Wiederkehr fünf Sekunden – 1 Lichtstrahl von vier Sekunden Dauer, dann eine Sekunde Pause). Fährschiffe nach Trelleborg steuern hinter Mön Nordostkurs und passieren den Falsterborev-Leuchtturm und Falsterbo an ihrer linken Seite.

Fährschiffe nach Malmö ändern hinter Mön ihren Kurs nach Norden und fahren zwischen dem Falsterborev-Leuchtturm und Falsterbo (R) und der dänischen Hauptinsel Seeland (L) hindurch nach Malmö.

Bild 5.7.1 Landmarken in Schweden und Bornholm

5.8 Von Travemünde nach Helsinki und weiteren finnischen Häfen

Travemünde-Helsinki

- Die fahrplanmäßigen Fahrzeiten auf dieser Route sind unterschiedlich. Je nach Jahreszeit, Wochentag und Fahrtrichtung betragen sie 22,5 Std, 24,5 Std, 29 Std, 37 Std oder 35,5 Stunden. Erfragen Sie deswegen bei der Buchung die für Ihre Reise gültige Fahrzeit.
- Das Fährschiff fährt normalerweise östlich an der Insel Gotland vorbei. Nur bei starkem Oststurm fährt es manchmal westlich an Gotland vorbei. Dies hat für die Fahrgäste zwei Vorteile: Erstens liegt das Schiff ruhig und zweitens sind die Insel Öland und die Westküste Gotlands mit der Stadt Visby gut sichtbar.
- Für einfache Ansprüche genügt das Beobachten der Küsten und Ufer zwischen Travemünde und Gedser sowie zwischen dem Leuchtturm Helsinki und dem Helsinki-Fähranleger. Für die Teilroute Travemünde-Gedser sind 2,5 bis 3 Stunden und für die Teilroute vom Leuchtturm Helsinki bis zum Helsinki-Fähranleger 1,5 bis 2 Stunden Beobachtungszeit ausreichend. Bei Zeitmangel beobachten Sie mindestens das landschaftlich reizvolle finnische Schärengebiet vor Helsinki. Das Schiff fährt an vielen Schären dicht vorbei, deswegen sind sie auch bei schlechtem Wetter gut sichtbar
- Für weitergehende Interessen dienen die Bilder 5.8.1 bis 5.8.3. Das Bild 5.8.2 zeigt die Zeiten, zu denen die Landmarken querab liegen für die Fahrtrichtung Travemünde-Helsinki bei 39 Stunden und für die Fahrtrichtung Helsinki-Travemünde bei 22,5 Stunden Fahrzeit. Wenn für Ihre Reise eine andere Fahrzeit gilt, müßten Sie die Zeiten für die Landmarken umrechnen und in Bild 5.8.2 eintragen. Wegen der Länge dieser Route ist nicht vermeidbar, daß sie teilweise nachts durchfahren wird.

Nun einige Angaben zur Route (vgl. Bilder 5.8.1 bis 5.8.3):

Bis Gedser vgl. Kap. 5.6

Östlich von Ystad an der schwedischen Südküste der Sandhammaren-Leuchtturm (E: Unten durchbrochener Turm – Im Abstand von fünf Sekunden ein Blitz).

Die Insel Bornholm: Hauptort und –fährhafen ist Rönne an der Westküste Bornholms, von Westen gut erkennbar. Nördlich von Rönne stehen die Knudskirche und die Rutskirche (Bild 5.7.1), ferner mehrere große Windkrafträder und die Burgruine Hammerhus hoch auf Felsen. Dicht bei Hammerhus auf der Nordspitze Bornholms steht der Hammeren-Leuchtturm (Bild 5.7.1; E: Runder Turm – Gleichtaktlicht mit 12 Sekunden Wiederkehr). Nordöstlich von Bornholm

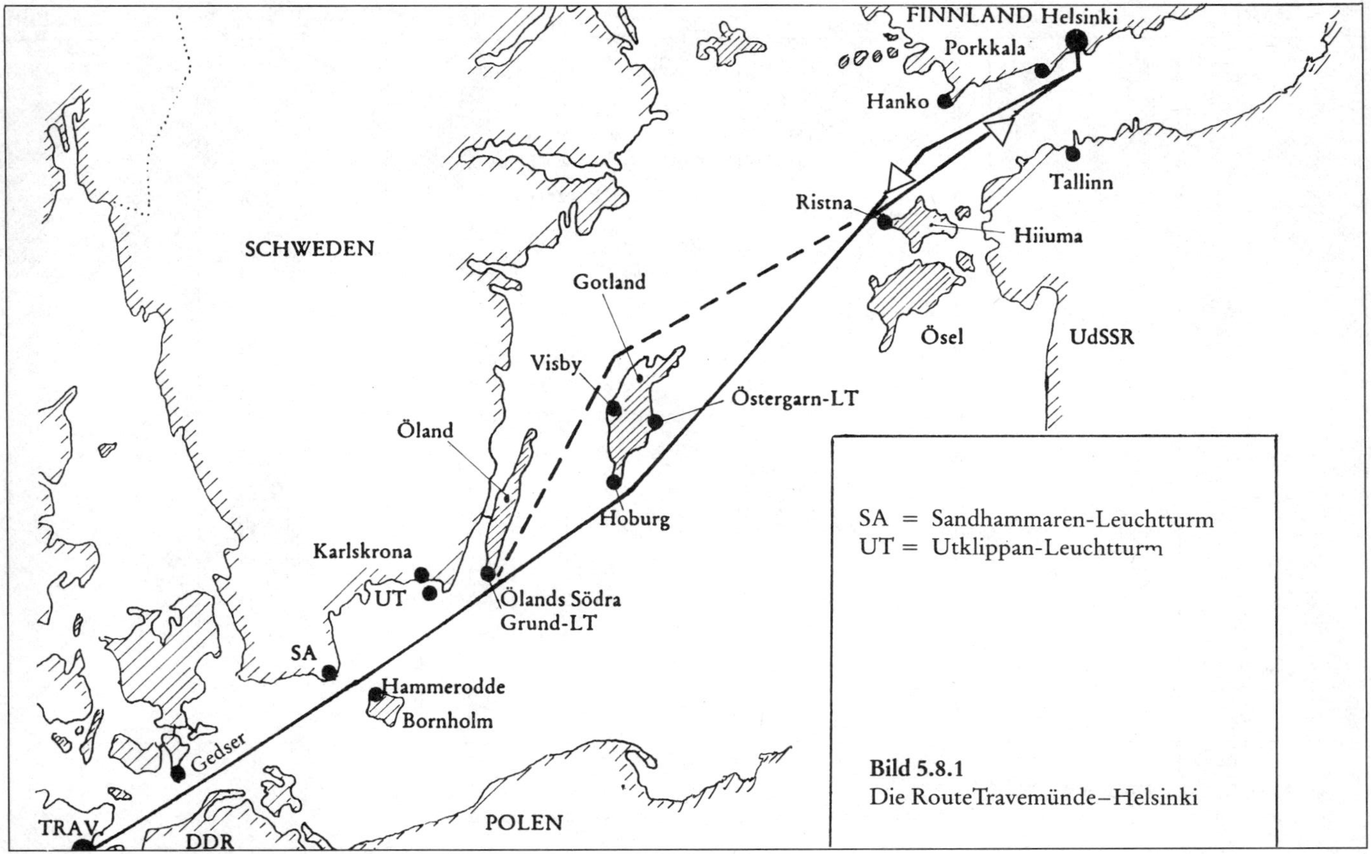

SA = Sandhammaren-Leuchtturm
UT = Utklippan-Leuchtturm

Bild 5.8.1
Die RouteTravemünde–Helsinki

bei . . .-Stunden-Fahrt	bei 39-Stunden-Fahrt	←	Landmarke liegt R / L querab nach . . . Fahrstunden	→	bei 22,5-Stunden-Fahrt	bei . . .-Stunden-Fahrt
	0.00		Travemünde Skandinavienkai		$22^{1}/_{2}$	
	$^{1}/_{2}$		Lotse geht von Bord kommt an Bord		22	
	$3^{1}/_{4}$	L:	Gedser	R	$19^{3}/_{4}$	
	10	L:	Sandhammaren-Leuchtturm östlich Ystad	R	16	
	$10^{1}/_{4}$	R:	Insel Bornholm	L	$15^{3}/_{4}$	
	14	L:	Utklippan-Leuchtturm nahe Karlskrona	R	14	
	$15^{1}/_{2}$	L:	Südspitze Insel Öland	R	13	
	20	L:	Südspitze Insel Gotland	R	$10^{1}/_{2}$	
	23	L:	Östergarn-Leuchtturm auf Gotland	R	$8^{1}/_{2}$	
	$30^{1}/_{2}$	R:	Insel Hiiuma / Dagö	L	$4^{3}/_{4}$	
	34	L:	Hanko	R	3	
	36	L:	Porkkala; R: Tallin / Reval	R / L	2	
	37	L:	Helsinki-Leuchtturm	L	$1^{1}/_{2}$	
	38	R:	Insel Kuivasaari	L	1	
	$38^{1}/_{2}$	L:	Insel Harmaja	R	$^{1}/_{2}$	
	$38^{3}/_{4}$	R / L: L:	Enge Durchfahrt zwischen Inseln Kustaanmiekka (L) und Vallisaari (R) Soumenlinna-Festung und Kirche	 R	$^{1}/_{4}$	
	39		Helsinki-Fähranleger		0.00	

Bild 5.8.2 Die Fährroute Travemünde–Helsinki (Übersicht)

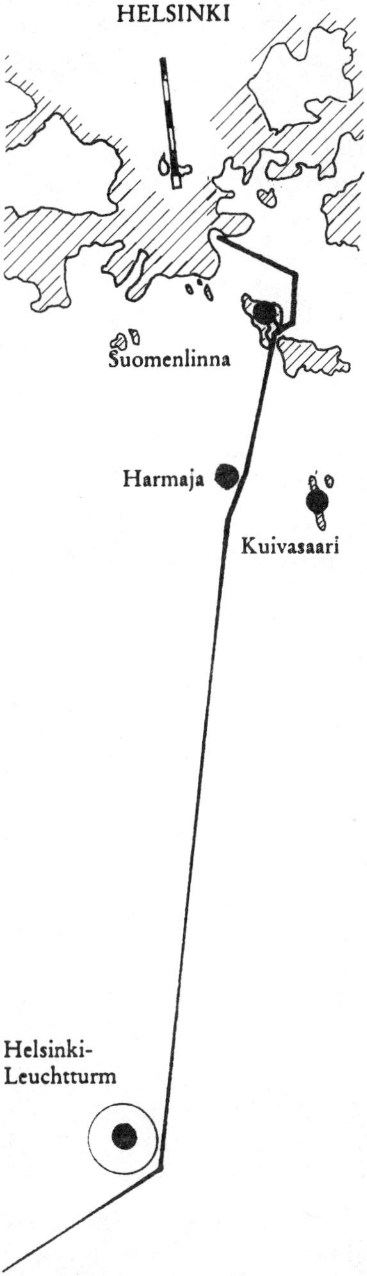

Suomenlinna-Kirche

Harmaja (Gråhara) von Süden

Turm auf Kuivasaari

Bild 5.8.3
Die Einfahrt nach
Helsinki

(30 Minuten nach dem Passieren Bornholms rechts querab) liegt die kleine Inselgruppe Christiansö (Bild 5.7.1), bestehend aus vier Inseln und einigen kleinen Schären. Nur Christiansö und Frederiksö sind bewohnt; diese beiden Inseln bildeten früher zusammen die Festung Christiansö. In Christiansö liegt ein großer Sportboothafen.

Nahe der Stadt Karlskrona steht der Utklippan-Leuchtturm auf einer Schäre (Bild 5.7.1; E: Roter, unten durchbrochener Turm – Im Abstand von 15 Sekunden ein Blitz).

Die Südspitze der Insel Öland ist an zwei Leuchttürmen erkennbar. 12 Seemeilen südöstlich von Öland steht im Wasser der Öland-Södragrund-Leuchtturm (E: Schwarzer Turm mit zwei roten Bändern und Helikopterdeck; Mittelteil angestrahlt. Gleichtaktlicht mit acht Sekunden Wiederkehr; vom Schiff gut sichtbar, weil es nahe an ihm vorbeifährt). Auf der Südspitze Ölands steht der Ölands-Södra-Udde-Leuchtturm (E: Im Abstand von 30 Sekunden zwei Blitze). Öland ist 140 km lang, bis zu 16 km breit und seit 1972 durch eine 6 km lange Brücke über den Kalmarsund mit dem schwedischen Festland verbunden.

Die Südspitze Gotlands ist am Hoburg-Leuchtturm erkennbar (E: Nach fünf Sekunden ein Blitz), der in 12 Seemeilen Entfernung (L) passiert wird. Gotland ist mit 150 km Länge und bis zu 50 km Breite die größte Insel in der Ostsee; sie liegt 100 km vor der schwedischen Ostküste. Hauptort ist Visby, an der Westküste gelegen. Gotland wird wegen seines für diese Breiten milden Klimas auch als „Roseninsel“ bezeichnet. Etwa auf halber Länge Gotlands an seiner Ostküste steht der Östergarn-Leuchtturm auf der kleinen Insel Östergarn (E: Weißer Turm mit schwarzem Band – Wiederkehr 15 Sekunden – nach 2,5 und 12,5 Sekunden je ein Blinkstrahl von 2,5 Sekunden Dauer).

Die Insel Hiiuma/Dagö mit dem Ristna-Leuchtturm an ihrer Westspitze liegt vor dem Rigaer Meerbusen und gehört zur Sowjetunion.

Das Schiff fährt nun in den Finnischen Meerbusen ein. An der finnischen Südküste liegen (L) die Stadt Hanko mit dem Russarö-Leuchtturm (E: Roter Turm mit grauen Streifen – nach vier Sekunden ein orangefarbener Blink von zwei Sekunden Dauer) und weiter östlich Stadt und Leuchtturm Porkkala (E: Turm an einem roten Haus – Wiederkehr 20 Sekunden – nach fünf, zehn und 20 Sekunden je drei Blinke). Hanko hat einen Eisenbahnfährhafen und ist Endpunkt der aus Travemünde kommenden RAILSHIP-Fährschiffe (vgl. Kap. 4).

- Die finnische Küste zwischen Hanko und Porkkala ist auf der Rückfahrt besser sichtbar, weil diese nördlicher verläuft als die Hinfahrt

Bucht und Hafen Tallinn/Reval (R) gehören zur Sowjetunion. Der Finnische Meerbusen ist zwischen Porkkala und den Inseln vor Tallinn 38 km breit.

Als „erster Gruß“ Finnlands (L) der Helsinki-Leuchtturm 25 km südlich von

Helsinki (E: Rot-weißer runder im Wasser stehender Turm mit grüner Laterne und Helikopterdeck – nach neun Sekunden ein Blink von drei Sekunden Dauer). Nach dem Passieren des Helsinki-Leuchtturms fährt das Schiff mit nördlichem Kurs zwischen den 7 km südlich von Helsinki liegenden Inseln Kuivasaari (R) und Harmaja (L) hindurch. Auf Kuivasaari steht ein dunkelgrauer Turm und auf Harmaja ein Leuchtturm (Bild 5.8.3; E: Roter runder Turm mit weißem Band auf weißem Sockel – nach zwei Sekunden ein Lichtstrahl von vier Sekunden Dauer).

Wenig später die sehr enge Durchfahrt zwischen den Inseln Kustaanmiekka (L) und Vallisaari (R) und anschließend (L) die Insel Suomenlinna mit Festung und Suomenlinnakirche (Bild 5.8.3). Von hier aus sind mehrere Kirchen und Gebäude in Helsinki gut sichtbar.

Die Fahrt endet im Fährhafen Katajanokanlaituri/Skatuddskajen, 800 meter südöstlich vom Stadtzentrum Helsinki.

Weitere finnische Häfen

Von Travemünde bzw Lübeck gibt es gegenwärtig Fährverbindungen nach Rauma, Turku, Hanko, Kotka und Hamina. Diese Routen verlaufen bis nördlich der Insel Gotland ähnlich wie die Helsinki-Route und führen dann direkt zu den einzelnen Häfen. Einige Fährschiffe auf diesen Routen beginnen ihre Fahrt am Lübeck-Nordlandkai (d.h. nicht in Travemünde), vgl. Kap. 5.11.

5.9 Von Travemünde nach Bornholm (10 Std)

Bis Gedser vgl. Kap. 5.6

Fährschiffe nach Bornholm fahren südlich an Gedser mit Ostnordostkurs vorbei. Nach vier Stunden rechts querab der Leuchtturm Darßer Ort.

Während der sechsten Fahrtstunde beginnt rechts querab die Insel Rügen.
Mit 930 qkm ist Rügen die größte deutsche Insel (gefolgt von Fehmarn mit 185 qkm). Rügen ist im Süden durch den Greifswalder Bodden und im Südwesten durch den Strelasund (gegenüber der Stadt Stralsund) vom Festland getrennt. Die Insel Rügen besteht aus Kreide- und Moränenkernen mit Steilküsten, die durch Nehrungen (schmale Landstriche) verbunden sind. Mehrere Bodden (flache Gewässer) greifen tief in die Insel ein.
Die Kreidesteilküste von Stubbenkammer im Nordosten der Insel ist bis zu 122 meter hoch; unmittelbar südlich von Stubbenkammer (also an der Ostküste Rügens) liegt der DDR-Fährhafen Saßnitz und 6 km südwestlich von Saßnitz der Fährhafen Mukran. Der Insel Rügen westlich vorgelagert ist die schmale langge-

streckte Insel Hiddensee mit steilen Ufern und Seebädern. An der Nordspitze Rügens liegen die Kreidefelsen des 45 meter hohen Kap Arkona. Weitere Angaben über Rügen vgl. Kap. 5.11.

Nach neun Stunden kommt die Westküste Bornholms und der Hafen Rönne in Sicht (vgl. Kap. 5.8).

Anmerkung

- Die Route Travemünde-Rönne ist gegenwärtig nur von Juni bis August in Betrieb. In den übrigen Jahreszeiten ist Bornholm über die Route Travemünde-Trelleborg, weiter mit dem Auto nach Ystad (Trelleborg-Ystad 45 km) und die Route Ystad-Rönne (Fahrzeit 2,5 Stunden) erreichbar.

5.10 Von Travemünde nach Swinemünde/Swinoujscie (11 Std) und Danzig/Gdansk (22 Std)

Nach Swinemünde/Swinoujscie

Bis Gedser vgl. Kap. 5.6

Aus Travemünde kommende Fährschiffe durchfahren die Mecklenburger Bucht mit Nordostkurs, drehen südöstlich von Gedser auf Ostkurs und fahren nördlich der Insel Rügen vorbei. Nordöstlich von Rügen wird die Pommersche Bucht/Zatoka Pomorska erreicht und das Fährschiff fährt mit Südsüdostkurs nach Swinemünde/Swinoujscie.

Swinemünde/Swinoujscie liegt am Westufer der Swine/Swina und ist ein Seehafen und Badeort, Flottenstützpunkt und Fischereihafen mit Fischverarbeitungsindustrie und Vorhafen von Stettin/Szczecin. Der Fährhafen liegt am Ostufer der Swine/Swina. Die Swine/Swina liegt zwischen den Inseln Usedom und Wollin und ist der mittlere und Hauptmündungsarm der Oder in die Ostsee. Südlich von Swinemünde liegt das Stettiner Haff, das sich weiter südlich zur Odermündung verengt und 34 Seemeilen südsüdöstlich von Swinemünde liegt Stettin/Szczecin.

Nach Danzig/Gdansk

Auch Fährschiffe von Travemünde nach Danzig/Gdansk fahren nördlich an Rügen und weiter mit Ostkurs an der Pommerschen Bucht/Zatoka Pomorska vorbei.

Die Pommersche Küste kommt etwa zwischen den Orten Leba und Karwia in Sicht. 5 Seemeilen südöstlich von Rixhöft/Rozewie beginnt die 20 Seemeilen lange von Nordwesten nach Südosten verlaufende schmale Dünenhalbinsel Hela/Hel. Das Schiff fährt mit Südostkurs an Hela/Hel entlang und erreicht die Danziger Bucht/Zatoka Gdanska.

Kurz nach dem Passieren der Südspitze Helas –dort Ort, Fischereihafen und Seebad Hela/Hel mit Leuchtturm Hela (E: Rotbrauner achteckiger Turm mit Galerie – Gleichtaktlicht mit 10 Sekunden Wiederkehr) ist bei guter Sicht in westlicher Richtung (also rechts querab) die Stadt Gdingen/Gdynia erkennbar, außerdem südlich von Gdingen/Gdynia das Ostseebad Zoppot/Sopot.

Südsüdwestlich der Südspitze Helas liegt an der Mündung der Danziger Weichsel Stadt und Hafen Neufahrwasser/Nowy Port, ein Vorhafen von Danzig.

Landmarken im Raum Danzig/Gdansk sind der Turm der Marienkirche, ein großer weißer Getreidesilo und ein 47 Meter hohes Denkmal aus hellem Granit auf der Westerplatte (nachts angestrahlt). Bei der Einfahrt in die Danziger Weichsel/Martwa Wisla wird (L) eine schmale Landzunge, die Westerplatte, passiert. Hier fielen in den Morgenstunden des 1. September 1939 die ersten Schüsse des II. Weltkrieges. Beim Passieren des Denkmals auf der Westerplatte hat jedes Schiff die Flagge zu dippen (Dippen: Flaggengruß der Schiffe durch Niederholen und Hochziehen der Nationalflagge).

Die Stadt Danzig/Gdansk ist eine der ältesten und verkehrsreichsten Handels- und Industriestädte an der Ostsee. Die Bedeutung der Stadt entwickelte sich aus ihrer geschützten Lage in der Danziger Bucht als Flußmündungshafen an der Mottlau/Motlawa und der Danziger Weichsel/Martwa Wisla. Danzig ist See- und Binnenhafen und durch die Weichsel und ein Netz von Binnenwasserstraßen mit seinem Hinterland verbunden.

5.11 Weitere Ostsee-Fährrouten

Saßnitz – Trelleborg (4 Std)

Für die Fahrt durch die DDR sind ein Reisepaß (für Westberliner: Personalausweis) und ein Transitvisum erforderlich. Das Transitvisum wird bei Vorlage eines Fährtickets und Zahlung einer Gebühr (gegenwärtig 5.– DM) an den DDR-Grenzübergangsstellen sofort erteilt.
Weitere Hinweise enthalten Merkblätter für Fahrten in und durch die DDR (erhältlich in jeder bundesdeutschen Stadt- oder Kreisverwaltung). Für die Fahrt durch die DDR plane man etwas mehr Zeit als für bundesdeutsche Strecken gleicher Länge ein, weil die zulässigen Höchstgeschwindigkeiten in der DDR niedriger liegen (für PKW auf Autobahn 100 km/h, auf Fernstraßen 80 km/h).

Anfahrt nach Saßnitz: Bis Rostock Autobahn, bzw von Lübeck Fernstraße 105. Weiter auf F 105 bis Stralsund und auf F 96 bis Saßnitz auf Rügen. Der zwischen dem Festland und der Insel Rügen liegende 2 km breite Strelasund wird auf dem in den 30-iger Jahren erbauten Rügendamm überquert. Die Insel Rügen ist ein landschaftlich reizvolles Gebiet; man plane für die 28 km lange Strecke Stralsund-Saßnitz etwa eine Stunde. Der Fährhafen Saßnitz liegt unmittelbar im Ort Saßnitz.

6 km südwestlich von Saßnitz liegt der 1986 in Betrieb genommene Fährhafen Mukran (vom Trelleborg-Fährschiff nicht sichtbar), der gegenwärtig von Eisenbahnfährschiffen aus Memel/Klaipeda (UdSSR) angelaufen wird. Ein Besuch des Fährhafens Mukran ist nur mit Sondergenehmigung möglich.

Das Trelleborg-Fährschiff verläßt Saßnitz mit Nordkurs und während der ersten Fahrtstunde sind (L) die Wälder und Kreidefelsen Rügens gut sichtbar.

Saßnitz–Rönne (3,5 Std)

Diese Route ist gegenwärtig von Juni bis August in Betrieb.

Warnemünde–Gedser (2 Std)

Reisevorbereitungen und Anfahrt: Vgl. Route Saßnitz-Trelleborg. Anfahrt über Rostock (Rostock-Warnemünde 15 km). Der Fährhafen Warnemünde liegt am Westufer der Warnow. Gegenüber in östlicher Richtung liegt der Breitling, eine Ausbuchtung der Warnow.

Während der Fahrt sichtbar: Ostseebad Wustrow (R); bei guter Sicht die Ostküste der Insel Fehmarn (L).

Mukran-Klaipeda/Memel

Auf dieser 1986 in Betrieb genommenen Fährroute werden gegenwärtig nur Eisenbahngüterwagen befördert (vgl. Kap. 4.3). Eine ausführliche Beschreibung dieser Route gibt GERTRUD RUTOW in ihrem Aufsatz „Die neue Fährverbindung von Rügen nach Litauen“ im Jahrbuch MARE BALTICUM 1986

Von Lübeck-Nordlandkai trave-abwärts bis Travemünde (1 Std)

Einige Fährschiffe nach Finnland beginnen ihre Fahrt an dem im Lübecker Stadtgebiet gelegenen Nordlandkai im Vorwerker Hafen (vgl. Kap 3).

Vom Oberdeck des noch am Kai liegenden Schiffes haben Sie eine gute Sicht auf die Stadt Lübeck. Die Lübecker Altstadt mit ihren bekannten sieben Türmen liegt 3 km südlich vom Nordlandkai.

Unmittelbar nach dem Ablegen wird (L) die Teerhofsinsel passiert, die gegenwärtig als Übungsgelände für die Bundeswehr dient; auf ihrem südlichen Teil liegen einige Industriebetriebe. Um die Teerhofsinsel herum fließt ein Toter Arm der Trave und nordöstlich der Teerhofsinsel am linken Trave-Ufer zwischen dem Toten Travearm und der Mündung der Schwartau in die Trave liegt "Alt-Lübeck" (Hier errichteten die Wenden 817 eine Siedlung mit dem Namen „Liubice". Sie wurde 1138 zerstört und 1143 gründete Graf Adolf II. die Stadt Lübeck auf der weiter südlich gelegenen Halbinsel zwischen Trave und Wakenitz).

Wenige Minuten später (R) das alte Fischerdorf Gothmund und (L) das Kraftwerk Siems. Nach 20 Minuten wird eine große Klappbrücke, die Herrenbrücke, durchfahren. Unmittelbar links hinter der Herrenbrücke liegt die Flenderwerft, die zahlreiche Ostseefährschiffe baute. Rechts verbreitert sich die Trave zu zwei Buchten, dem Breitling und der Schlutuper Wiek, an deren Ufer der Lübecker Stadtteil Schlutup mit seinem Fischereizentrum und dem Straßenübergang in die DDR (von Bord aus sichtbar) liegt. Das rechte Trave-Ufer hinter Schlutup bildet die Grenze zur DDR, leicht erkennbar an den Metallgitterzäunen und Wachtürmen.

Die Trave wird jetzt wieder schmaler, führt durch ein landschaftlich reizvolles Gebiet –links das Lübecker Naturschutzgebiet „Dummersdorfer Ufer", rechts mecklenburgisches Waldgebiet- und erweitert sich danach rechts zu zwei großen Wasserflächen, der Pötenitzer Wiek und dem Dassower See, die beide zur Bundesrepublik gehören.
Unmittelbar hinter der Pötenitzer Wiek liegt links der Skandinavienkai in Travemünde (vgl.hierzu auch den Abschnitt „Flußfahrten von Travemünde nach Lübeck" im Kap. 7).

6. Das kleine ABC der Schiffstechnik

Aus dem großen Gebiet der Schiffstechnik greifen wir die fünf Fragen heraus, die in Gesprächen mit Lesern am häufigsten gestellt wurden:

- Wie wird ein Fährschiff angetrieben? – Der Schiffsantrieb
- Wie wird ein Fährschiff gesteuert? – Die Ruderanlage
- Wie legt ein Fährschiff im Hafen ab und an? – Ab- und Anlegemanöver
- Wie bestimmt man den Weg des Fährschiffes über See? – Navigationsverfahren
- Wie kommt ein Fährschiff sicher über See? – Sicherheit auf Fährschiffen

6.1 Der Antrieb eines Fährschiffes

Der Antrieb eines Fährschiffes besteht aus der **Antriebsmaschine** und den **Propellern**; zwischen beiden liegt meist ein Getriebe. Heutige Ostseefährschiffe werden durch Dieselmotore, diesel-elektrisch oder durch Gasturbinen angetrieben.

Vor den Antriebsmaschinen erläutern wir zuerst die Propeller; sie sind zwar den Antriebsmaschinen nachgeschaltet, stehen aber in engem Zusammenhang mit ihnen. Die Drehzahl der Propeller muß zwischen 100 und 200 Upm liegen. Propeller gibt es als Festpropeller und Verstellpropeller. Der ältere Festpropeller ist, wie sein Name sagt „fest", d.h. seine Propellerblätter sind nicht verstellbar. Er ist zwar robust, aber zum Rückwärtsfahren muß die Antriebsmaschine umgesteuert, d.h. abgestellt und mit umgekehrter Drehrichtung neu gestartet werden. Das Umsteuern erfordert etwas Zeit und deswegen sind Schiffe mit Festpropeller beim Manövrieren etwas schwerfällig. Beim Verstellpropeller sind die Propellerblätter wie bei einem Flugzeugpropeller stufenlos hydraulisch verstellbar, auch nach rückwärts. Der erste Vorteil des Verstellpropellers ist also, daß die Motoren beim Rückwärtsfahren mit gleicher Drehrichtung weiterlaufen können. Außerdem hat der Verstellpropeller bei niedrigen Fahrgeschwindigkeiten einen besseren Wirkungsgrad als der Festpropeller und trägt deswegen zur Treibstoffersparnis bei. Wird ein Schiff mit **zwei** Verstellpropellern ausgerüstet, kann es durch Einstellen verschieden großer Steigungen der rechten und linken Propellerblätter in bestimmten Grenzen auch gesteuert werden.

- Ostseefährschiffe haben überwiegend zwei Verstellpropeller

Weit verbreitet auf Ostseefährschiffen ist der Antrieb durch zwei bis vier **Dieselmotore**, die als sog. Mittelschnelläufermotoren mit Drehzahlen von 500 bis 600 Upm laufen. Sie arbeiten im Viertaktverfahren mit Abgasturboaufladung sehr wirtschaftlich mit einem spezifischen Treibstoffverbrauch von 155 bis 165 gr/kWh. Zwischen Motor und Propellerwelle ist zwar ein Zahnradgetriebe nötig, dafür haben Mittelschnelläufermotoren geringe Abmessungen und sind deswegen auf einem Fährschiff unterhalb der Autodecks leicht unterzubringen.

- Ein Beispiel für einen viermotorigen Fährschiffantrieb mit einer Antriebsleistung von ca 30.000 kW und zwei Verstellpropellern zeigt Bild 6.1.1. Je zwei Motore treiben über ein Zahnradgetriebe einen Verstellpropeller an. Jeder der vier 16-Zylinder-V-Motoren ist rd 9Meter lang. Der Zylinderdurchmesser ist 400 mm, der Kolbenhub 480 mm; dies ergibt einen Hubraum von rd 60 Liter je Zylinder; jeder Motor hat also 964 Liter Hubraum und der Gesamthubraum aller vier Motoren beträgt 3.858 Liter. Der Treibstoffverbrauch liegt in diesem Beispiel je nach Fahrgeschwindigkeit zwischen 2.500 und 3.000 Liter pro Stunde. Die Propellerwellen haben einen Durchmesser von 500 mm und sind rd 35 meter lang; der Propellerdurchmesser beträgt rd 5 Meter.

Der **diesel-elektrische** Antrieb besteht aus Dieselmotoren, elektrischen Generatoren und elektrischen Propellermotoren. Er hat auch bei niedrigen Drehzahlen ein hohes Drehmoment, gute Manövriereigenschaften und kann mit Festpropellern arbeiten. Angewandt wird er u.a. auf den zwischen Puttgarden und Rödby fahrenden Fährschiffen der Deutschen Bundesbahn.

Gasturbinen haben sehr hohe Drehzahlen und erfordern ein mehrstufiges Getriebe. Sie sind einfach im Aufbau, haben niedriges Gewicht und sind bei sehr hohen Antriebsleistungen wirtschaftlich einsetzbar. Deswegen wird zB das schnelle Fährschiff FINNJET durch zwei Gasturbinen angetrieben.

Anmerkung: Dampfturbinen kommen auf Ostseefährschiffen nicht vor, weil der Dampfkessel unterhalb der Autodecks nicht unterzubringen wäre. Auch Langsamläufer-Dieselmotoren, bei denen das Getriebe entfallen könnte, werden wegen zu großer Abmessungen nicht verwendet.

6.2 Die Ruderanlage

Jedes Schiff steuert seit altersher mit dem Ruderblatt am Heck. Früher wurden die Ruderausschläge unmittelbar durch den am Ruderrad stehenden Rudergänger ausgeführt. Dies erforderte viel Kraft. Heute haben wir elektrische Rudermaschinen, so daß das Drehen des Ruderblattes keine Menschenkraft erfordert. Das gute alte Ruderblatt hat aber Nachteile: Einmal hängt seine Steuerwirkung von der Fahrgeschwindigkeit des Schiffes ab; bei sehr langsamem Fahren wird die Steuerwirkung zu schwach und das Schiff kann „aus dem Ruder laufen“. Und das Ab- und Anlegen im Hafen ist oft nur mit Hilfe eines Schleppers, der beim Ablegen den Bug des Schiffes vom Kai ziehen muß, möglich. Deswegen haben viele Schiffe ein **Bugstrahlruder**, manchmal darüberhinaus ein Heckstrahlruder. Diese

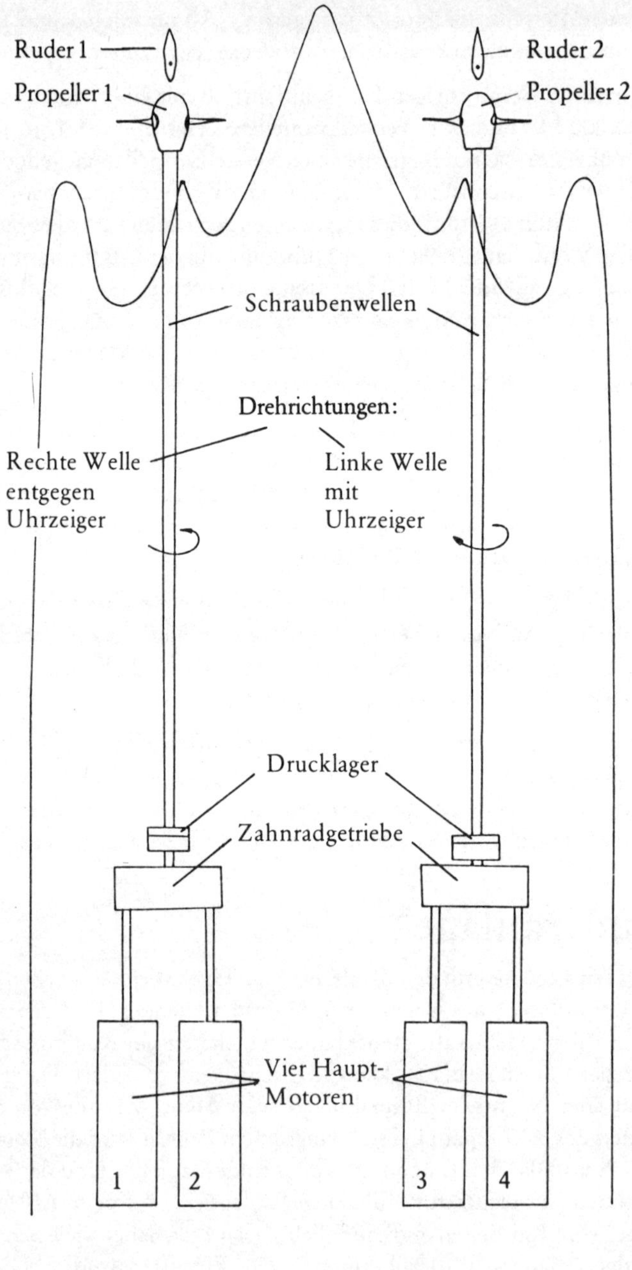

Bild 6.1.1
Antrieb eines Ostseefährschiffes mit vier Dieselmotoren, zwei Getrieben und zwei Verstellpropellern (STENA LINE)

Strahlruder sind kleine Propeller, die vorn bzw hinten im Schiff quer angeordnet sind und beim Steuern elektrisch angetrieben werden. Schiffe, die mit Verstellpropeller und Bugstrahlruder ausgerüstet sind, können „auf dem Teller drehen" (Bild 6.1.2).

Heutige Ostseefährschiffe haben meist zwei Ruderblätter und zwei Bugstrahlruder.

6.3 Das Ab- und Anlegen in den Fährhäfen

Fährschiffe sollen rasch und dennoch sicher in den Fährhäfen ab- und anlegen. Das Ablegemanöver eines Fährschiffes, das mit dem Heck an der Rampe liegt, zeigt Bild 6.3.1. Das Schiff liegt zuerst mit losgeworfenen Festmacherleinen mit dem Heck an der Rampe und mit seiner seitlichen Bordwand am Kai, d.h. in Stellung I. Dann muß das Schiff vom Kai **und** von der Rampe um wenige Meter freikommen, d.h. in Stellung II gelangen. Hierzu muß es sich sowohl Voraus als auch seitlich bewegen. Die Seitwärtsbewegung nennt man **Traversieren**. Das Traversieren ist als Schräg-Traversieren und als Quer-Traversieren möglich. Um von Stellung I in Stellung II zu gelangen, wird um wenige Meter schräg traversiert (Pfeile "S"). Anschließend wird entweder weiter schräg traversiert, oder – wenn vor dem Fährschiff ein anderes Schiff liegt oder die Wasserfläche aus anderen Gründen beengt ist – quer traversiert, bis das Schiff im Fahrwasser in Stellung III (nach Schräg-Traversieren) oder in Stellung IV (nach Quer-Traversieren) liegt. Danach kann das Schiff mit Fahrt Voraus auslaufen. Beim Traversieren nach rechts (wie in Bild 6.3.1 gezeigt) werden beide Ruder nach links gelegt und die Bugstrahlruder eingeschaltet. Die Propellersteigungen werden in **unterschiedliche** Richtung gestellt: Die Blätter des linken Propellers stehen leicht Voraus, die des rechten Propellers leicht rückwärts. Wenn das Schiff mit dem Bug an der Rampe liegt, geschieht das Ablegen ähnlich. Das Schiff traversiert rückwärts schräg oder quer in das Fahrwasser, dreht sich anschließend im Schiffswendekreis und kann mit dem Bug auslaufen.

Das Anlegen verläuft im Prinzip ähnlich wie das Ablegen. Man traversiert schräg oder quer vom Fahrwasser zum Kai und legt mit Bug oder Heck an der Rampe an.

Die heutigen Ruderanlagen sind zwar nicht ganz billig, ersparen aber das umständliche und zeitraubende Ab- und Anlegen mit Schlepperhilfe.

6.4 Navigationsverfahren

Navigation ist die Kunst, zu jeder Zeit und an jedem Ort den Standort, den Kurs und die Fahrgeschwindigkeit des Schiffes festzustellen. Die drei Hauptaufgaben der Navigation sind also:

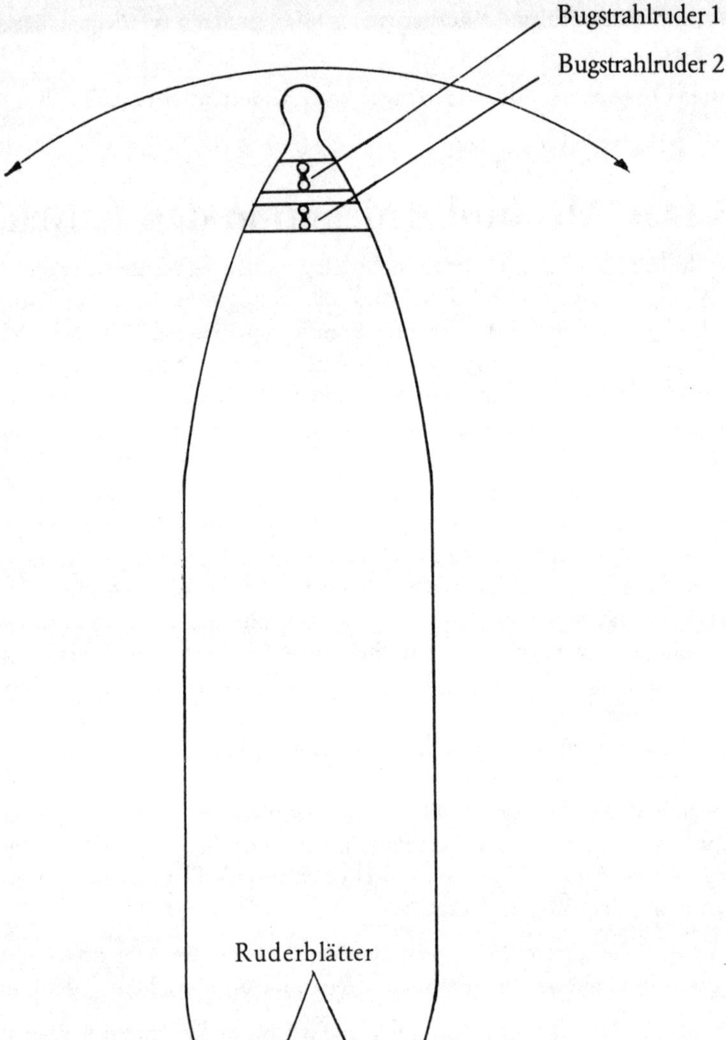

Bild 6.1.2 Mit Hilfe der Bugstrahlruder kann ein Fährschiff „auf dem Teller“ drehen

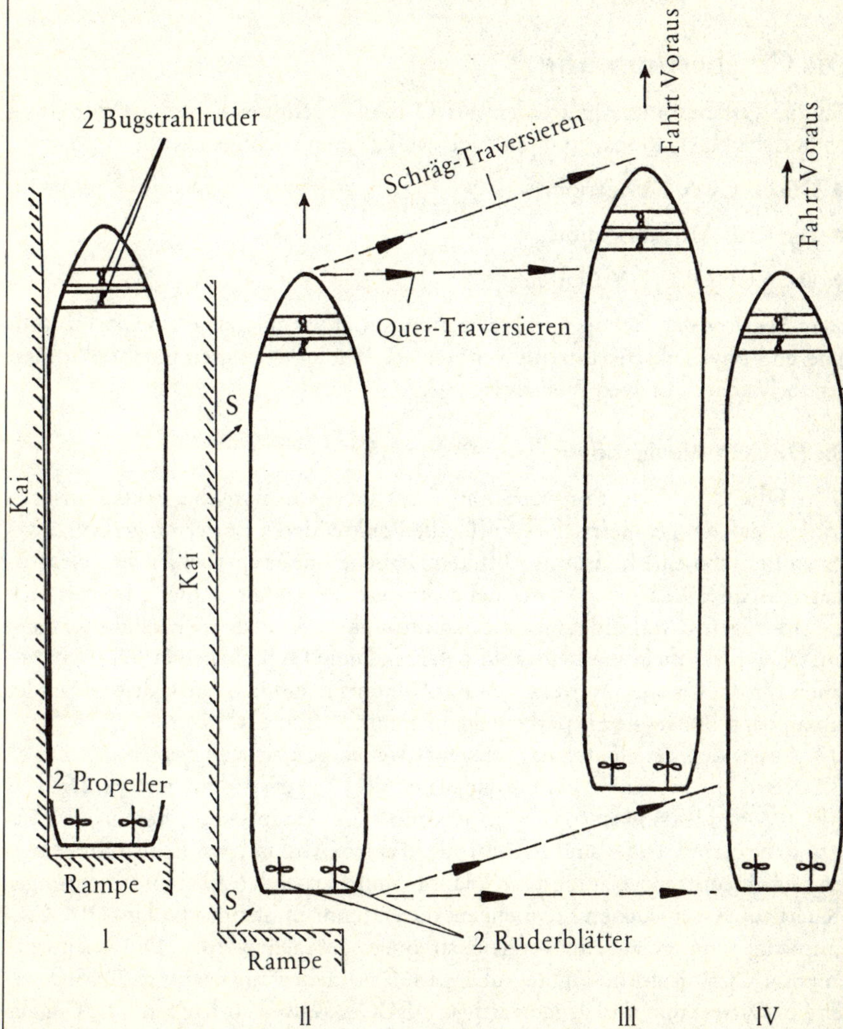

Bild 6.3.1 Ablegen eines Fährschiffes mit Bugstrahlrudern durch Traversieren

- Die Bestimmung des Standortes des Schiffes = Ortsbestimmung – Wo befindet sich das Schiff?
- Die Kursbestimmung – In welche Richtung fährt das Schiff?
- Die Bestimmung der Schiffsgeschwindigkeit = Fahrtbestimmung – Wie schnell fährt das Schiff?

Die Ortsbestimmung

Für die Ortsbestimmung werden auf Ostseefährschiffen heute fast durchweg Technische Navigationsverfahren angewandt, deren wichtigste sind:

- Die DECCA-Navigation
- Die RADAR-Navigation
- Das ECHOLOT-Verfahren

Beim Erklären der Technischen Navigationsverfahren müssen wir ein paar technische und physikalische Begriffe verwenden. Wer sie überlesen möchte, kommt dennoch sicher in seinen Zielhafen.

Die DECCA-Navigation

Dem DECCA-Navigationsverfahren liegt die mathematische Erkenntnis zugrunde, daß der geometrische Ort für alle Punkte, deren Entfernungen von zwei festen Punkten eine konstante Differenz haben, eine Hyperbel ist. Die elektromagnetischen Wellen von zwei nebeneinanderstehenden Sendern breiten sich kreisförmig aus. Verbindet man die Schnittpunkte der beiden Wellenkreise, dann entstehen mehrere Hyperbeln (Bild 6.4.1.a). Diese Hyperbeln werden als Standlinien für die Ortsbestimmung genutzt. Nimmt man noch einen dritten Sender hinzu, dann bilden die Hyperbeln Schnittpunkte (Bild 6.4.1.b).
Das Aussenden der elektromagnetischen Wellen geschieht mit einer sog. DECCA-Kette, die aus einem Hauptsender und drei Nebensendern besteht. Die vier DECCA-Sender sind sternförmig angeordnet; der Hauptsender steht in der Mitte und die Nebensender sind sternförmig in einem Abstand von 40 bis 100 Seemeilen zum Hauptsender aufgestellt. Haupt- und Leitsender arbeiten synchrongesteuert auf verschiedenen Frequenzen, die getrennt empfangen und im DECCA-Empfänger an Bord auf eine Vergleichsfrequenz gebracht werden. Die Reichweite einer DECCA-Kette beträgt tagsüber ca 400 Seemeilen und nachts ca 200 Seemeilen; im Ostseeraum sind gegenwärtig 6 DECCA-Ketten vorhanden. Die Genauigkeit der Ortsbestimmung liegt je nach Abstand zwischen Schiff und DECCA-Sender zwischen 50 und 1000 meter. Das an Bord befindliche DECCA-Gerät gibt also mit Hilfe der Hyperbeln, ihrer Schnittpunkte und Frequenzen den Schiffsort an. Die heutigen DECCA-Geräte bieten mehrere wichtige Navigationshilfen. Sie

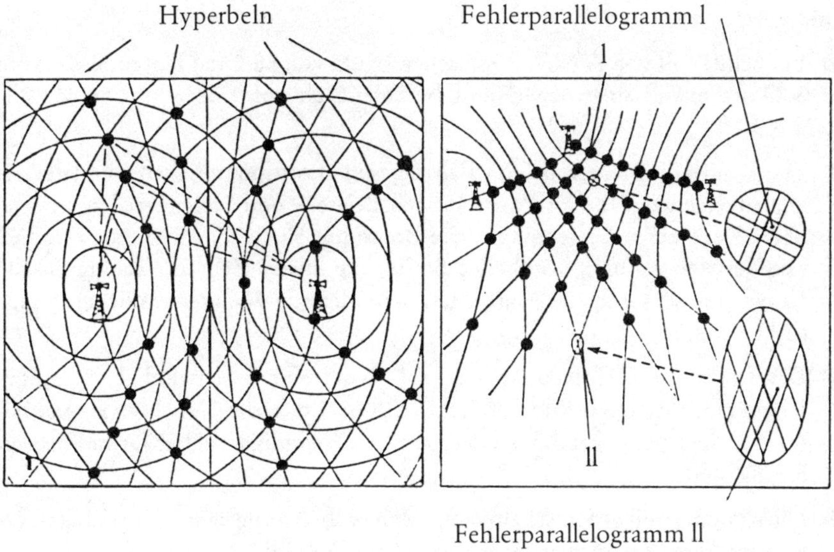

a) Die Verbindungslinien der Schnittpunkte der Kreise von 2 Sendern sind Hyperbeln

b) Decca-Kette mit einem Haupt- und zwei Nebensendern. Die Hyperbeln schneiden sich in mehreren Schnittpunkten.

Schnittpunkt l liegt dicht an einem Sender und ist deswegen sehr genau. Schnittpunkt ll liegt weiter entfernt und ist deswegen ungenauer, erkennbar an seinem größeren Fehlerparallelogramm.

Bild 6.4.1 Grundprinzip des DECCA-Hyperbel-Navigationsverfahrens

haben oft eine Mehrfach-Digitalanzeige und liefern u.a. Angaben über Schiffsort, Kurs und Fahrgeschwindigkeit über Grund.

Die Leistungsfähigkeit heutiger DECCA-Geräte zeigt an einem Beispiel Bild 6.4.2:

- Ein Schiff soll von A nach B mit einem Kurs von 68 Grad fahren; es ist vom Sollkurs etwas abgewichen und befindet sich auf einer Position lt. Bild 6.4.2.a.
- Zuerst wird die Mehrfach-Digitalanzeige auf „Position" geschaltet und die Digitalanzeige zeigt die Ist-Position nach Breiten- und Längengraden an. Die obere Zeile zeigt die geographische Breite mit 55 Grad, 41 Minuten und 62 Hundertstel-Minuten nördlicher Breite, die untere Zeile die geographische Länge mit 12 Grad, 36 Minuten, 7 Hundertstel-Minuten östlicher Länge (Bild 6.4.2.b).
- Dann wird die Mehrfach-Anzeige auf „Kurs und Geschwindigkeit" umgeschaltet und sie zeigt (Bild 6.4.2.c) „CRS 68", d.h. der Kurs über Grund beträgt 68 Grad und „SPd 5,4", d.h. die Geschwindigkeit über Grund beträgt 5,4 Knoten.
- Durch nochmaliges Umschalten der Mehrfach-Anzeige auf „Wegepunkt-Navigation" erhält man weitere Angaben (Bild 6.4.2.d):
  - STEER ↱ Steuerbord halten
  - OFF TRACK 0,04: Die Abweichung vom Sollkurs beträgt 0,04 Seemeilen
  - BEARING 63: Der direkte Kurs zum Wegepunkt B ist 63 Grad
  - DISTANCE 4,95: Die Distanz bis zum Wegepunkt B beträgt 4,95 Seemeilen

Nicht alle DECCA-Geräte haben Mehrfach-Anzeigen. Die auf Fährschiffen vorhandenen DECCA-Einrichtungen haben meist mehrere separate Anzeigen, mit denen die o.g. und weitere Angaben ständig abgelesen werden können. DECCA-Geräte dieser Art liefern wertvolle Navigationshilfen, das Schiff muß aber noch von Hand gesteuert werden. Deswegen geht man auf Fährschiffen einige Schritte weiter und schließt an das DECCA-Gerät weitere Geräte an, deren wichtigste sind:

- Der Autopilot
- Der Routenplotter
- Der Drucker

Durch Anschluß eines Autopiloten an das DECCA-Gerät wird der Sollkurs selbsttätig eingehalten, d.h. das Steuern des Schiffes wird automatisiert.

Der Routenplotter besitzt einen Bildschirm, auf dem mehrere Informationen sichtbar sind und mehrere Funktionen eingegeben werden können, u.a:

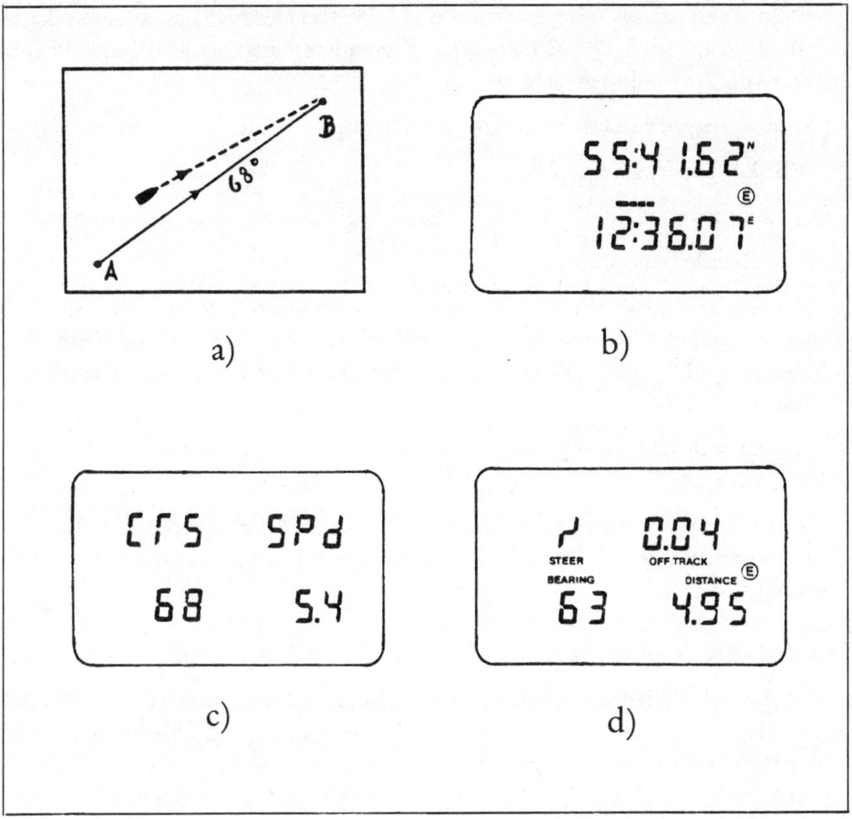

Bild 6.4.2
Wichtige Navigationshilfen eines DECCA-Gerätes mit Mehrfach-Digitalanzeige (DANTRONIK)

a) Das Schiff soll vom Wegepunkt A zum Wegepunkt B mit einem Kurs von 68 Grad fahren

b) Durch Einschalten der Funktion „Position" wird auf dem Bildschirm der gegenwärtige Schiffsort angezeigt

c) Durch Tastendruck kann die Funktion „Kurs und Geschwindigkeit" sichtbar gemacht werden

d) Durch nochmaligen Tastendruck erscheint die Funktion „Wegepunkt-Navigation"

- Die Umgebung des Schiffes in Form einer Seekarte. Der Maßstab dieser Seekarte ist von 1 : 1000 bis 1 :9.500.000 variabel, man kann also bei genügend großem Maßstab die Küstenlinien sichtbar machen.

- Position, Kurs und Geschwindigkeit des Schiffes und die Wassertiefe

- Die bisher zurückgelegte Route

- Der einzuhaltende Sollkurs und die vorausliegenden Kursänderungspunkte

- Anzupeilende Landmarken

Die eingegebenen Informationen und Funktionen können gespeichert und deswegen auf späteren Fahrten erneut genutzt werden. Hiervon wird auf Fährschiffen, da sie ja über lange Zeiten hinweg immer dieselben Routen befahren, reger Gebrauch gemacht.

Der Drucker druckt alle wichtigen Daten aus, wirkt also ähnlich wie ein Fahrtenschreiber bei LKW oder Eisenbahn bzw wie ein Flugschreiber.

Bei den z.T. schwierigen Verhältnissen auf der Ostsee (hohe Verkehrsdichte, geringe Wassertiefe) ist das DECCA-Verfahren eine wesentliche und wertvolle Navigationshilfe.

Die RADAR-Navigation

Das RADAR-Verfahren arbeitet vorwiegend mit Frequenzen von 3000 und 10000 Megahertz, d.h. mit 10 cm und 3 cm Wellenlänge. Durch eine sich mit ca 20 Upm dauernd drehende RADAR-Antenne, die als Reflektor ausgebildet ist, werden geradlinige Radarstrahlen ausgestrahlt. Von den festen Gegenständen der Umgebung des Schiffes, zB andere Schiffe, Seezeichen, Küstenlinien, werden diese Strahlen reflektiert und als Echo-Impulse wieder von der RADAR-Antenne aufgenommen. Auf dem Fährschiff kann man die RADAR-Antenne deutlich sehen. Oben auf dem Peildeck über der Kommandobrücke ist sie als waagerechter sich langsam drehender Balken gut sichtbar. Die meisten Fährschiffe haben zwei bis drei voneinander unabhängige Radargeräte mit je einer Antenne.
Das Impuls-Echo kann Nacht und Nebel durchdringen und wird in Lichtpunkte verwandelt. Durch die ständige Drehung der Radarantenne wird ein ständiges Aneinanderreihen von Lichtpunkt an Lichtpunkt erreicht und dies ergibt ein zusammenhängendes Bild auf dem RADAR-Bildschirm. Die Reichweite des RADAR-Verfahrens ist begrenzt, weil die Radarstrahlen geradlinig verlaufen, die Erde aber eine Kugel ist. Die Reichweite ist von der Antennenhöhe und der Zielhöhe abhängig. Wenn, wie auf Fährschiffen üblich, die Radarantenne eine Höhe

von rd 30 meter hat, sind die Ziele (d.h. die festen Gegenstände) über folgende Entfernungen sichtbar:

Zielhöhe	3 Meter (zB Sportboot)	16 Seemeilen
Zielhöhe	10 Meter (zB Küstenmotorschiff .	19 Seemeilen
Zielhöhe	30 Meter (zB Großschiff)	24 Seemeilen
Zielhöhe	100 Meter (zB Funkmast)	34 Seemeilen

Neuzeitliche Radargeräte sind insbesondere durch folgende Merkmale gekennzeichnet:

- Viele navigatorisch wichtige Daten, zB Kurs, Fahrgeschwindigkeit, gegenwärtiger Abstand, Passierabstand und –zeit fremder Schiffe sowie Landmarken können auf dem Radarschirm geplottet werden. Das Plotten kann zeichnerisch oder rechnergestützt geschehen. Beim rechnergestützten Plotten, auch ARPA-RADAR genannt (Automatic Radar Plotting Aid) wird der Schiffsort des fremden Schiffes einmal in das Radargerät eingegeben und das Plotten geschieht selbsttätig. In das ARPA-Radargerät kann außerdem eine selbsttätige Kollisionsanzeige eingegeben werden. Hierzu wird es so geschaltet, daß, wenn sich ein fremdes Schiff dem eigenen auf eine bestimmte Entfernung (zB 2 Seemeilen) gefährlich nähert, ein Alarm ausgelöst wird, der die Brückenwache zu entsprechenden Gegenmaßnahmen (zB Kursänderung) auffordert. Durch das Plotten wird die Radarnavigation also erleichtert und sicherer.
- Das Radargerät kann „schiffsvoraus“ oder „Nord-Voraus“ eingestellt werden. Bei Einstellung „schiffsvoraus“ zeigt der Vorausstrich auf dem Bildschirm nach oben (d.h. Null Grad), gleichgültig, welcher Kurs gesteuert wird. Bei Einstellung „Nord Voraus“ zeigt der Vorausstrich in Richtung des Schiffskurses, ändert seine Richtung also bei jeder Kursänderung.
- Das Radargerät kann die Bewegungen des eigenen Schiffes und anderer in der Nähe befindlicher Schiffe entweder relativ zueinander in **Relativ-Motion**-Darstellung oder absolut in **True-Motion**-Darstellung zeigen. Die True-Motion-Darstellung kann man sich durch einen Vergleich klarmachen: Man denke sich einen Hubschrauber, der über dem Seegebiet schwebt ohne sich seitlich zu bewegen und dabei das Seegebiet über eine bestimmte Zeit hinweg mit einer Kamera filmt. Dann erscheinen auf dem Film die wahren Bewegungen aller gefilmten Schiffe in True-Motion-Darstellung.
- Das eigene Schiff kann sowohl im Mittelpunkt des Bildschirmes als auch dezentriert dargestellt werden.
- Die heutigen Radargeräte haben 67 cm breite hochauflösbare Tageslichtbildschirme mit ständig gleich hellem Bild.
- Das Radargerät ist für 9 Entfernungsbereiche zwischen 0,3 und 72 Seemeilen umschaltbar und der Bildschirm besitzt 6 konzentrische Ringe, die die Entfer-

nungen zu anderen Objekten zeigen. Wird zB der Entfernungsbereich „6 Seemeilen“ eingeschaltet, dann entspricht der Abstand von einem Ring zum nächsten einer Seemeile.

- RADAR- und DECCA-Verfahren arbeiten technisch zwar völlig getrennt, ergänzen sich aber nautisch sehr gut. Nicht zuletzt erbringt das Anwenden zweier voneinander unabhängiger Systeme für die Navigation eine hohe Sicherheit

Weitere Einzelheiten zeigen die Bilder 6.4.3 bis 6.4.5.

Die Auswahl der Einstellung des Radarbildschirms (Kursvoraus, Nord-Voraus, Relativ- oder True-Motion-Darstellung, Entfernungsbereich) trifft der Nautiker auf der Kommandobrücke je nach Fahrtgebiet, Wetterlage u.ä. aufgrund seiner seemännischen Erfahrung.

Das ECHOLOT-Verfahren

Das ECHOLOT-Verfahren mißt die Wassertiefe unter dem Schiff. Es beruht auf der Ausstrahlung von Ultraschall-Impulsen vom Schiff auf den Meeresgrund und dem Empfang des zurückgeworfenen Echos. Die Zeit, die der Strahl des Echolotes vom Schiff zum Meeresgrund und zurück braucht, gibt nach einer Umrechnung, die das Echolotgerät selbsttätig durchführt, die unter dem Schiff vorhandene Wassertiefe an. Das Echolotgerät schreibt seine Meßwerte laufend auf einen Papierstreifen und so erhält man ein Echogramm für die gesamte auf einer Reise zurückgelegte Strecke. Ein Vergleich des Echogramms mit den in der Seekarte eingetragenen Wassertiefen liefert weitere navigatorische Angaben. Es ist imposant zu sehen, wie „gebirgig“ der Meeresgrund oft ist, d.h. wie unterschiedlich die Wassertiefen unter der scheinbar so gleichmäßigen See sind.

Kursbestimmung und Fahrtbestimmung

Die **Kursbestimmung** geschieht mit dem Kreiselkompaß. Dieses Verfahren ist technisch weitgehend ausgereift; geringe Fehler kommen nur bei starkem Seegang vor.

Bei der **Fahrtbestimmung** unterscheidet man die **Fahrt durchs Wasser** und die **Fahrt über Grund**. Die Fahrt durchs Wasser kann als Folge von Oberflächenströmungen der See kleiner oder größer sein als die Fahrt über Grund. Bei Oberflächenströmungen, die schräg oder seitlich zum Schiffskurs laufen, kann das Fährschiff einer seitlichen Versetzung, **Abdrift** genannt, unterliegen. Das Gerät zum Bestimmen der Fahrt heißt **Log**. Während frühere Logs nur das Bestimmen der Fahrt durchs Wasser erlaubten, messen heutige Logs auch die Fahrt über Grund. Mit dem Doppler-Sonar-Log zB kann man durch Aussenden elektromagnetischer Wellen zum Meeresgrund und den Empfang des zurückgeworfenen

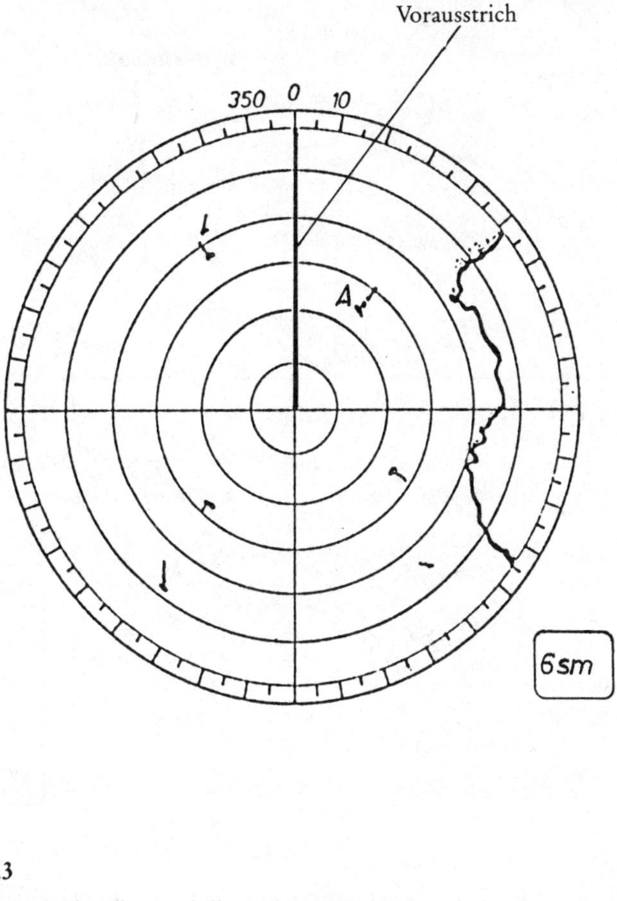

Bild 6.4.3

Radarschirm mit Einstellung „schiffsvoraus" in Relativ-Motion-Darstellung mit Schiff im Bildschirm-Mittelpunkt (KRUPP ATLAS ELEKTRONIK).
Die Anzeige rechts unten bedeutet, daß das Gerät auf den Entfernungsbereich „6 Seemeilen" eingestellt ist. Die im Bildschirm rechts querab vom Schiff sichtbare Küste ist also rd. 4 Seemeilen vom Schiff entfernt; da sie seitlich vom Schiffskurs liegt, kann sie gefahrlos passiert werden.
Der Bildschirm hat keine Einrichtung zum Plotten. Das Schiff A ist deswegen aufmerksam zu beobachten; u. U. muß ihm, weil es von rechts kommt, ausgewichen werden.

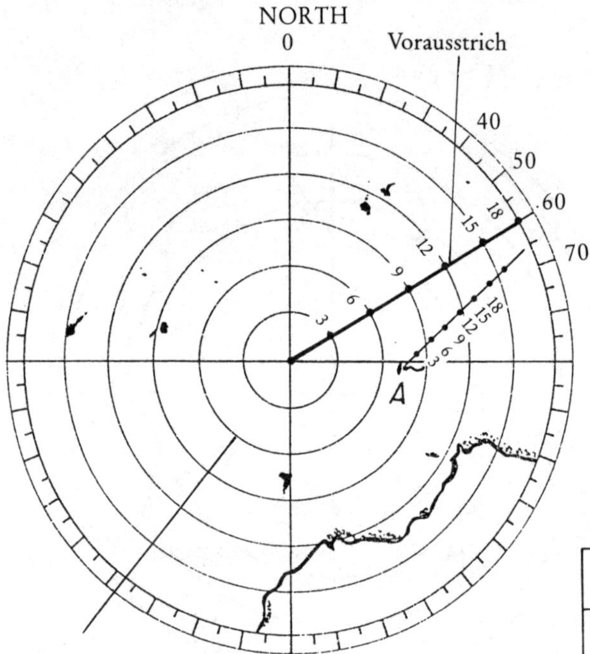

1	60
2	20.1
3	47
4	9.8
5	1.5 CPA
6	6/1
7	RM
8	NO
9	2
10	

Bild 6.4.4

Legende zu Bild 6.4.4

Radarschirm mit Einstellung „Nord-Voraus“ in Relativ-Motion-Darstellung mit Schiff im Bildschirm-Mittelpunkt (KRUPP ATLAS ELEKTRONIK).
Der Entfernungsbereich ist hier ebenfalls auf 6 Seemeilen eingestellt, die rechts liegende Küste ebenfalls 4 Seemeilen entfernt, aber um den Kurswinkel des Schiffes verdreht sichtbar.
Dieses Gerät besitzt einen rechnergestützten ARPA-Plotter, mit dessen Hilfe es möglich ist, Kurs und Geschwindigkeit des eigenen Schiffes und des fremden Schiffes A einzuplotten, d. h. auf dem Bildschirm sichtbar werden zu lassen.
Der Plotter zeichnet zuerst die Kurslinien beider Schiffe. Anschließend markiert er (vorausgesetzt, daß die Kurse beider Schiffe sich nicht ändern) die zeitlich vorausliegenden Standorte (Zeitpunkte) beider Schiffe im Zeitabstand von 3, 6, 9, 12. . . Minuten, gerechnet ab Uhrzeit des Plott-Beginns.
Die Zeitpunkte des fremden Schiffes A liegen dichter beieinander als die des eigenen Schiffes; hieraus erkennt der Nautiker, daß das Schiff A langsamer fährt als das eigene Schiff. Er erkennt weiter, daß das eigene Schiff nach rd. 11 Minuten das Schiff A überholen wird.
Der ARPA-Rechner errechnet weiterhin den voraussichtlichen kürzesten Passierabstand zwischen beiden Schiffen, der hier rd. 1,5 Seemeilen betragen wird.
Diese Bildschirm-Informationen werden durch mehrere Digitalanzeigen (links im Bild) ergänzt. Dabei bedeuten:

1 Kurs des eigenen Schiffes ist 60 Grad
2 Geschwindigkeit des eigenen Schiffes ist 20,1 Knoten
3 Kurs des fremden Schiffes ist 47 Grad
4 Geschwindigkeit des fremden Schiffes ist 9,8 Knoten
5 Der kürzeste Passierabstand zwischen beiden Schiffen wird 1,5 Seemeilen betragen (CPA = Closest Point of Approach)
6 Entfernungsbereich ist auf 6 Seemeilen eingestellt, 1 Ring = 1 Seemeile
7 Radargerät zeigt Relativ-Motion-Darstellung
8 Radargerät ist „Nord-Voraus“ eingestellt
9 Kollisionsanzeige ist auf 2 Seemeilen eingestellt
10 Weitere Anzeigen, zB Kursabweichungen anderer Schiffe u. ä.

Echos Frequenzänderungen messen und damit die Schiffsbewegung, d.h. die Fahrt über Grund feststellen. Logs dieser Art arbeiten bis zu Wassertiefen von 600 meter.

Anmerkungen

- Die terrestrische Navigation (Peilung von zwei oder drei Landmarken mit dem Peilkompaß) und die astronomische Navigation mit dem Sextanten sind auf Ostseefährschiffen weitgehend durch die Technische Navigation ersetzt.
- Ergänzend zu den Technischen Navigationsverfahren wird die **Seekarte** benutzt, heute noch überwiegend als Papierseekarte. Die elektronische Seekarte befindet sich gegenwärtig im Entstehungsprozeß.

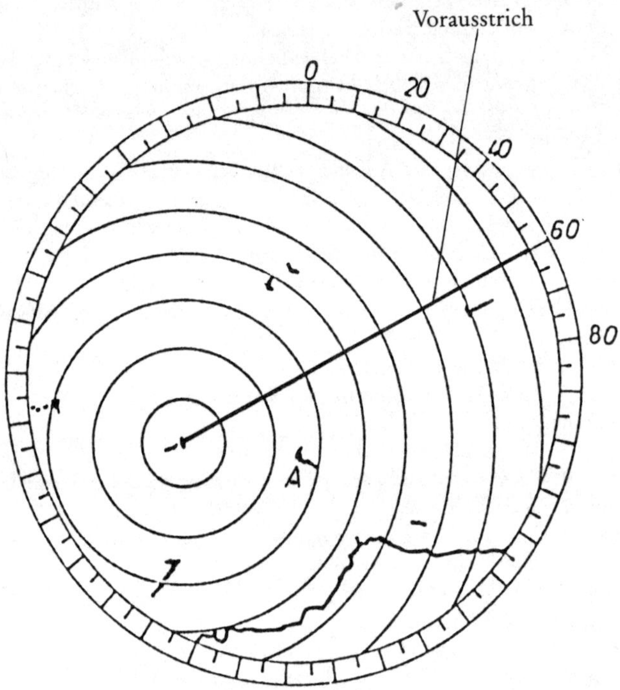

Bild 6.4.5

Radarschirm eines ARPA-Radargerätes mit Einstellung "Nord-Voraus" in True-Motion-Darstellung und dezentrierter Lage des Schiffes (KRUPP ATLAS ELEKTRONIK).

Das Radarbild gibt die wahren Bewegungen wieder. Die übrigen Funktionen gleichen sinngemäß denen in Bild 6.4.4.

- Der **Satellitennavigation** wird eine große Zukunft vorausgesagt; möglicherweise wird sie auf Ostseefährschiffen schon in den 90-iger Jahren eingesetzt.
- Die Technischen Navigationsverfahren für Fährschiffe werden laufend weiterentwickelt. Ausführliche Beschreibungen heutiger und künftiger Navigationsverfahren finden sich u.a. in 2 Büchern: WERNER KUMM: „Technische Navigation heute – Bestandsaufnahme 1987“ und BERNHARD BERKING: „Die elektronische Seekarte“; beide herausgegeben vom Sozialwerk für Seeleute, Hamburg 50.

6.5 Die Sicherheit auf Fährschiffen

Von den sehr umfangreichen Sicherheitsvorschriften und –maßnahmen für Seeschiffe nennen wir nur einige ausgewählte, die speziell für Fährschiffe gelten. Die Sicherheitsvorschriften für Fährschiffe werden international durch die International Maritime Organization (IMO) erlassen und in den SOLAS-Regeln (SOLAS=Safety Of Live At Sea) niedergelegt. In der IMO arbeiten alle führenden Seefahrtnationen mit; das gesamte internationale Schiffahrtswissen ist also dort vereint.

Vorbeugende Technische Sicherheitsmaßnahmen

- Dichtung und Sicherung der Bug- und Heckklappen: Die Bug- und Heckklappen der Autodecks müssen vor der Abfahrt selbstverständlich wasserdicht verschlossen sein, denn sie können jederzeit von der See umspült werden. Das Dichten geschieht durch große gummi-elastische Zwischenlagen zwischen den Klappenflügeln und dem Schiffsrumpf. Einige Großfährschiffe müssen nach dem Ablegen erst einige Meter vorausfahren, um die großen Klappen schließen zu können. Bei der Bugklappe kommt noch eine weitere Sicherheitsmaßnahme hinzu: Die vordere Auffahrrampe wird vor dem Ablegen nach oben geklappt, steht dann senkrecht und liegt, ähnlich wie ein Fensterflügel am Fensterrahmen, an einem Stahlrahmen des Schiffsrumpfes wasserdicht an. Damit wirkt die hochgeklappte Bugrampe als sog. Kollisionsschott, d.h, sollte bei einer Frontalkollision mit einem anderen Schiff die Bugklappe beschädigt werden, kann eindringendes Seewasser nur bis zum Kollisionsschott, aber nicht weiter in das Schiff eindringen (Bild 6.5.1).
- Feuerschutz: Die Kabinen und Aufenthaltsräume sind mit nicht entflammbaren Stoffen ausgekleidet; diese Stoffe müssen eigens für den Einbau in Fährschiffen zugelassen sein. An zahlreichen Stellen sind Rauchmelder und Sprinkleranlagen vorhanden.

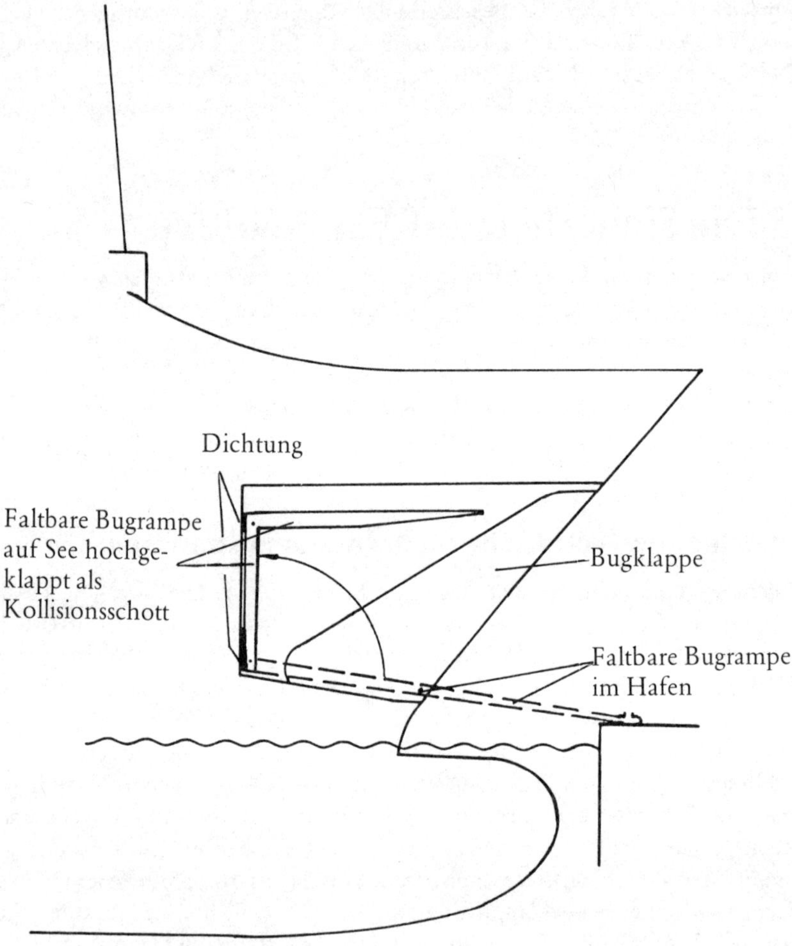

Bild 6.5.1
Die Bugrampe ist faltbar, wird vor dem Ablegen hochgezogen und wirkt als Kollisionsschott (STENA LINE)

Vor dem Auslaufen

- Sicherung der Ladung gegen Verrutschen: Die Ladung darf auf See auf keinen Fall verrutschen. Weder seitlich noch nach vorne oder hinten. Deswegen wird sie nach bestimmten Vorschriften auf dem Schiff befestigt („gelascht", wie der Seemann sagt). Zum Laschen sind auf den Autodecks zahlreiche kleine kreuzschlitzförmige Öffnungen („Elefantenfüße" genannt) angebracht. In diese Öffnungen werden Ketten, Stahlseile oder Gurte eingehängt, mit den LKW verbunden und festgespannt; darüberhinaus können Bremsklötze unter die Räder schwerer Fahrzeuge gelegt werden. PKW brauchen nicht gelascht zu werden; der eingelegte erste Gang und die angezogene Handbremse verhindern ein Verrutschen.
- Sicherer Verschluß der Bug-, Heck- und Seitenklappen und der Fußgängerpforten. Weil der Verschluß der Klappen und Pforten für die Seetüchtigkeit des Fährschiffes besonders wichtig ist, überzeugt sich der Kapitän persönlich hiervon durch Rückfrage beim Ladungsoffizier über Sprechfunk, durch eine Anzeigetafel mit Kontrollampen und durch Monitor-Überwachung auf der Kommandobrücke.
- Vorsichtsmaßnahmen gegen Überfälle oder Entführungsversuche durch Terroristen. Einzelheiten hierzu möchten wir aus verständlichen Gründen nicht nennen.

Auf See

- Ständiges Beobachten der See rings um das Schiff durch das Wachpersonal auf der Kommandobrücke mit bloßem Auge, Fernglas und Radargerät. Auch der Sektor hinter dem Schiff wird laufend beobachtet, denn ein schnelleres Schiff könnte sich von hinten gefährlich nähern.
- Die Kommandobrücke ist trotz der umfangreichen Navigationseinrichtungen **ständig mit mindestens zwei Personen** besetzt. Bei Nebel, Sturm, beim Ab- und Anlegen im Hafen und bei anderen schwierigen Situationen ist zusätzlich der Kapitän auf der Kommandobrücke.
- In engen und stark befahrenen Gewässern, zB im Großen Belt und im Raum Gedser sind sog. Verkehrstrennungsgebiete eingerichtet, die aus zwei Einbahnwegen und einer dazwischenliegenden Trennungszone bestehen. Diese Verkehrstrennungsgebiete, auch „Einbahnstraßen der See" genannt, dürfen jeweils nur auf dem in Fahrtrichtung rechts liegenden Einbahnweg befahren werden. Die Trennungszone, die etwa dem Mittelstreifen einer Autobahn entspricht, ist durch beleuchtete und mit Radarreflektoren ausgerüstete Seezeichen markiert. Viele Verkehrstrennungsgebiete werden von Landstationen mit Radargeräten beobachtet; sollte ein Schiff auf die „Gegenfahrbahn" geraten, wird es rechtzeitig gewarnt.

- **Rettungseinrichtungen:** Im „Fall des Falles“, dem Seenotfall, der hoffentlich nie eintreten wird, werden alle Fahrgäste aufgefordert, sofort die Sammelplätze aufzusuchen. Hier stehen zur Verfügung:

  Motor-Rettungsboote, die in kran-ähnlichen ausschwenkbaren Halterungen (“Davits“ genannt) befestigt sind. Im Seenotfall kann man in die Rettungsboote auf dem Schiff einsteigen und sie werden vollbesetzt zu Wasser gelassen. Rettungsboote auf Fährschiffen haben Planen mit Spriegeln (ähnlich wie ein LKW). Die Planen sind ständig hochgezogen, so daß das Einsteigen im Gefahrfall rasch geht. Erst nachdem das Rettungsboot im Wasser schwimmt, werden die Planen herabgelassen, so daß die Insassen gegen überkommendes Seewasser geschützt sind.

  Aufblasbare Rettungsinseln. Die Rettungsinseln sind oben auf dem Fährschiff in rohrförmigen geschlossenen Kapseln aufbewahrt. Im Seenotfall werden die Rettungsinseln auf Deck aufgeblasen, danach kann man einsteigen und anschließend werden sie mit Kränen zu Wasser gelassen.

6.6 Weitere Fragen

Weitere Fragen müssen wir aus Platzgründen in Kurzform beantworten.

Wieviele Personen sind auf einem Fährschiff tätig?
Auf großen Ostseefährschiffen 140 bis 160 Personen: Kapitän, drei Nautische Offiziere, vier bis sechs Ingenieure, ein Zahlmeister, je etwa 10 Matrosen und Maschinisten; dazu das Küchen-, Restaurant- und Servicepersonal.

Wer macht was an Bord?
Der Kapitän ist der verantwortliche Führer des Schiffes, arbeitsrechtlich Vorgesetzter der Besatzung und Leitender Angestellter und handelsrechtlich Vertreter der Reederei. Die Nautischen Offiziere übernehmen in erster Linie den Wachdienst auf der Kommandobrücke. Der Erste Offizier ist Vertreter des Kapitäns und Vorgesetzter der Decksbesatzung. Die beiden anderen Offiziere sind für die Ladung, die Navigation, den Funkverkehr und für die medizinische Betreuung der Fahrgäste und der Besatzung zuständig.
Der Leitende Ingenieur, meist „Chief“ als Abkürzung für „Chief Engineer“ genannt, ist Chef der Maschinenanlage. Er wird von weiteren Ingenieuren und den Maschinisten unterstützt.
Der Zahlmeister (auch „Chief Purser“ genannt) ist einem Hoteldirektor vergleichbar. Er ist die verantwortliche Ansprechperson für die Fahrgäste.

Was ist ein Zwei-Abteilungsschiff?
Fährschiffe sind unterhalb der Autodecks in meist 16 Abteilungen unterteilt, die durch wasserdichte Schotten getrennt sind. Sollten infolge eines Lecks zwei dieser Abteilungen voll Wasser laufen, bleibt ein Zwei-Abteilungsschiff noch voll schwimm- und fahrfähig.

Kann starker Seitenwind für ein Fährschiff wegen seiner hohen Aufbauten gefährlich werden?
Nein. Versuche haben ergeben, daß ein Fährschiff bei dem stärksten bisher in Europa gemessenen Orkan sich um höchstens elf Grad zur Seite neigt. Hierbei kann hochgestapeltes Geschirr vom Tisch fallen und zerbrechen, mehr aber nicht.

Wird die Fährschiffahrt subventioniert?
In bestimmten Fällen können für die Baukosten deutscher Schiffe Zuschüsse von bis zu 15 Prozent gewährt werden, wenn die Schiffe anschließend mehrere Jahre unter deutscher Flagge fahren. Die Betriebs- und Unterhaltungskosten müssen aber voll selbst erwirtschaftet werden.

Fahren Ostseefährschiffe umweltfreundlich?
Die Zeiten, in denen Abfälle über Bord geworfen wurden, sind auf der Ostsee lange vorbei. Feste Abfälle werden in Containern, Abwässer in Tanks an Bord gesammelt und in den Häfen von Bord gegeben. Feste Abfälle werden Mülldeponien, Abwässer dem örtlichen Abwassernetz zugeleitet. Die Ostsee wird von den Anrainerstaaten streng überwacht und maritimen Umweltsündern drohen hohe Strafen.

Wird die Ostseefährschiffahrt im Winter durch Eis behindert?
Heutige Ostseefährschiffe können geschlossene Eisdecken von 60 bis 80 cm Dikke mit eigener Kraft aufbrechen und durchfahren. Die Schiffsrümpfe sind für Eisfahrten besonders verstärkt. Gelegentliche Schwierigkeiten treten nur kurzzeitig in extrem kalten Wintern in der nördlichen und östlichen Ostsee auf, wobei aber notfalls mit Eisbrecherhilfe gefahren werden kann.

Wann kommen Ostseefährschiffe mit Kernenergieantrieb?
Vorerst nicht. Kernenergiegetriebene Fährschiffe müssen mit sehr umfangreichen Sicherheitsausrüstungen ausgestattet sein. Außerdem sind Kernenergieantriebe gegenwärtig nur bei sehr hohen Antriebsleistungen kostengünstiger als die heutigen konventionellen Schiffsantriebe.

7. Ausflugsziele, Oldtimer und Sehenswürdigkeiten

Vielleicht möchten Sie, verehrte Leser, noch mehr über die Schiffahrt kennenlernen. Deswegen nennen wir einige Ausflugsziele, Oldtimer und Sehenswürdigkeiten aus dem Bereich der Schiffahrt im Gebiet der bundesdeutschen Ostseeküste. Die Ausflugsziele, Oldtimer und Sehenswürdigkeiten sind in der Reihenfolge ihrer Entfernung vom nächstgelegenen Fährhafen bzw nach dem Zeitbedarf für eine Besichtigung aufgeführt. Die Angaben erheben keinen Anspruch auf Vollständigkeit. Die angegebenen Besichtigungs- bzw Öffnungszeiten entsprechen dem Stand vom Frühjahr 1988.

Raum GELTING

Dampfer **ALEXANDRA** in Flensburg (Gelting-Flensburg 25 km)
Am östlichen Förde-Ufer im Flensburger Stadtgebiet liegt der 1908 erbaute Fördedampfer ALEXANDRA, der am Ende des II. Weltkrieges für Flüchtlingstransporte eingesetzt war und 1975 stillgelegt wurde. Das 34 meter lange Schiff wurde 1986/87 renoviert und wird als Museumsschiff ab Mai 1988 regelmäßige Fahrten auf der Ostsee durchführen. Näheres: Förderverein Salondampfer Alexandra e.V, Flensburg, Tel. 0461/74081 oder 0461/41950.

Ausflugsfahrten mit Passagierschiffen auf der **Flensburger Förde**
Gegenwärtig gibt u.a. folgende Ausflugslinien (teils während der Sommersaison, teils ganzjährig):

nach / von	Apenrade	Aerösköbing (Insel Aerö)	Gravenstein	
Flensburg	5 Stunden	$4^1/_2$ Stunden		Fahrzeit für einfache Fahrt
Glücksburg	4 Stunden		1 Stunde	
Langballigau	3 Stunden	3 Stunden		

Die obige Aufstellung ist nicht erschöpfend. Näheres, Fahrpläne, weitere Fahrten: Verkehrsverein Flensburg, Tel. 0461/23090.

Ostseebad **Damp** – Dampfer **ALBATROS** (Gelting-Damp 32 km)
Lage: Nördlich der Eckernförder Bucht. Im Ostseebad Damp liegt der Dampfer ALBATROS in einem Kiesbett auf dem Strand. Der 1912 erbaute Fördedampfer brachte 1945 500 Marinehelferinnen aus dem umkämpften Königsberg in Sicherheit. Besichtigung: Innenräume des Schiffes Mai bis September täglich von 10 bis 17 Uhr; Außenbesichtigung ganzjährig.

Schleswig (Gelting-Schleswig 47 km)
Die alte Fischersiedlung HOLM (auch „Fischerholm" genannt) am Nordufer der Schlei östlich des Schleswiger Domes gelegen.

Das Wikingermuseum **Haithabu**
Lage: 3 km südlich Schleswig an der B 76. Haithabu war in der Wikingerzeit einer der bedeutendsten Siedlungsplätze Nordeuropas; hier liefen wichtige Fernhandelswege zusammen. 1980 wurde bei Ausgrabungen ein Wikingerschiff geborgen und 1985 ein Museum eröffnet, in dessen Schiffshalle das geborgene Schiff vor den Augen der Besucher wieder aufgebaut wird. Filme über die Welt der Wikinger werden regelmäßig gezeigt. Die historische Siedlung Haithabu lag südlich des Museums am Haddebyer Moor; noch erhaltene Wallanlagen sind vom Museum aus sichtbar. Öffnungszeiten: April bis Oktober täglich 9 bis 18 Uhr, November bis März 9 bis 17 Uhr (montags geschlossen). Tel. 04621/35343.

Rundflüge
Luftsportverein Flensburg, Tel. 0461/91700.

Raum KIEL

Kieler Stadt- und Schiffahrtsmuseum, Kiel, Dänische Straße 19 und Wall 5 (5 Minuten Fußweg vom Oslokai bzw Schwedenkai), Tel. 0431/9013428. Geöffnet Mitte Mai bis Anfang September täglich 10 bis 17 Uhr, im Winter außer Montag 10 bis 17 Uhr.

Schleuse Holtenau
Lage: 5 km nördlich des Oslokais bzw Schwedenkais auf dem West-Ufer der Kieler Förde. Die Schleuse Holtenau bildet den östlichen Abschluß des Nordostseekanals (vgl. Kap. 5.4). Sie ist ganzjährig „rund um die Uhr" in Betrieb und hat eine Aussichtsterrasse mit Erklärungstafel für Besucher.

Möltenort (9 km nördlich Kiel auf der Ostseite der Kieler Förde, B 502 in Richtung Schönberg)

U-Boot-Ehrenmal
Direkt am Förde-Ufer gelegen; auch mit Fördeschiff ab Anlegestelle Seegartenbrücke (5 Minuten Fußweg vom Oslokai bzw Schwedenkai) zu erreichen (bis Anlegestelle Möltenort). Ganzjährig täglich von 8 bis 17 Uhr geöffnet.

Feuerschiff **LAESÖ RENDE**
Unmittelbar südlich der Anlegestelle Möltenort im Yachthafen liegt das 1887 aus Eichenholz erbaute dänische Feuerschiff LAESÖ RENDE. Das Schiff hatte keinen eigenen Antrieb, sondern wurde auf seine Position geschleppt; zum Stromerzeugen war ein Dieselaggregat eingebaut. Die LAESÖ RENDE lag bis 1974 westlich der Insel Laesö im Kattegat, um die Schiffahrt vor den dortigen Flachwassergebieten zu warnen. Das Schiff wird gegenwärtig restauriert und

ab Mitte September 1988 zum Besichtigen und für kleine Veranstaltungen bereit sein. Näheres: Gemeindeverwaltung Heikendorf, Tel. 0431/24435.

Schiffsbegrüßung Strandhalle Laboe (13 km nördlich Kiel am Ostufer der Förde)
Lage: Laboe, Strandstraße 5, Tel. 04343/8116. Ausflugsrestaurant mit Garten und Schiffsbegrüßungsanlage. Von April bis Oktober/November werden täglich von 10 Uhr bis Einbruch der Dunkelheit sämtliche vorbeifahrenden Schiffe über 500 BRT begrüßt. Erläuterungen mit Lautsprecher; Hissen der Bundesflagge und der beiden Signalflaggen „U“ und „W“ (= “Gute Reise“). Auch mit Fördeschiff ab Anlegestelle Seegartenbrücke erreichbar (bis Anlegestelle Laboe).

Marine-Ehrenmal Laboe mit U-Boot U 995 aus dem II. Weltkrieg. 86 meter hoher Turm mit Aussichtsplattform oben (Fahrstuhl), Diorama der Skagerrak-Seeschlacht, Ehren-, Weihe- und Historische Halle. Das U-Boot U 995 ist als Technisches Museum eingerichtet. Ehrenmal und U-Boot sind ganzjährig täglich von 9 bis 16 Uhr geöffnet. Vom Turm gute Aussicht auf Kiel, Förde, Ostsee und dänische Inseln. Auch mit Fördeschiff erreichbar (bis Anlegestelle Laboe).

Steilufer bei Schwedeneck (Kiel-Schwedeneck 22 km über B 503). Nördlich der Gemeinde Schwedeneck zwischen deren Ortsteilen Dänisch-Nienhof und Surendorf verläuft ein Steilufer mit einem 3 km langen Fußwanderweg. Von dort gute Aussicht auf die Eckernförder Bucht, das Ferienzentrum Damp 2000 und die Ölfördertürme des Ölgebietes Schwedenecksee. Das Öl wird hier nur gefördert, durch eine 75 km lange Pipeline nach Heide/Holstein gepumpt und dort weiterverarbeitet. In der letzten Zeit wurden in der Schwedenecksee alljährlich rd 300.000 t Rohöl gewonnen. Außerdem sind in östlicher Richtung die Fährschiffe von Kiel nach Bagenkop, Göteborg und Oslo gut zu sehen.

Ostseebad Damp – Dampfer ALBATROS: Siehe „Raum GELTING“
(Kiel-Damp 48 km über B 76)

Schleswig und Haithabu: Siehe „Raum GELTING“ (Kiel-Schleswig 52 km über B 76)

Ausflugsfahrten mit Passagierschiffen auf der **Kieler Förde**
Im Sommer Hafenrundfahrten (ca 1 Stunde). Ganzjährig Fördefahrten bis Laboe mit mehreren Zwischenhaltestellen (Fahrzeit bis Laboe 1 Std) und Tagesfahrten nach Bagenkop. Näheres: Kieler Verkehrs AG, Bahnhofskiosk, Tel. 0431/701263.

Rundflüge: Flughafen Kiel-Holtenau, Tel. 0431/322066.

Raum PUTTGARDEN

Das **NIOBE-Denkmal** auf der Insel Fehmarn
Lage: 5 km westlich des Fährhafens Puttgarden unmittelbar am Ufer des Fehmarnbelts. Im Juli 1932 kenterte in einer Gewitterboe das Segelschulschiff NIOBE der Reichsmarine im Fehmarnbelt. Dabei fanden 69 Besatzungsangehörige – vorwiegend junge Offiziersanwärter – den Seemannstod.

Die **Fehmarnsundbrücke:** 14 km südlich von Puttgarden gelegen, vgl. Kap. 3.

Raum TRAVEMÜNDE und LÜBECK

Der Dampf-Eisbrecher **STETTIN**
Liegeplatz: In Travemünde am Ostpreußenkai (vom Skandinavienkai 1 km traveabwärts; das Auto kann auf dem Leuchtenfeld-Parkplatz, weitere 500 meter trave-abwärts, geparkt werden). Das Schiff kann besichtigt und für Charterfahrten gemietet werden. Näheres: Lübecker Verkehrsverein e.V, Tel. 0451/72300.
Der Eisbrecher STETTIN wurde 1933 in Dienst gestellt, hielt bis 1945 gemeinsam mit drei anderen Eisbrechern die Fahrrinne der Odermündung eisfrei und brachte im Frühjahr 1945 viele Flüchtlinge in den Westen. Nach 1945 war die STETTIN einige Jahre auf der Elbe in Betrieb; ihr letzter Einsatz war in dem sehr kalten Winter 1978/79 auf der Kieler Förde. 1981 sollte die STETTIN verschrottet werden, konnte aber wieder soweit instandgesetzt werden, daß sie heute Museumsschiff ist und auch Charterfahrten im Ostsee- und Nordseeraum durchführen kann. Initiator der Rettung der STETTIN ist der bekannte Schiffahrtsschriftsteller Hans-Georg Prager. Der Eisbrecher STETTIN ist 52 meter lang, erreicht 13 Knoten Geschwindigkeit und verbraucht zwei Tonnen Kohle pro Stunde. Sein Rumpf ist mit 96.000 Nieten zusammengehalten.

Aussichtsrestaurant oben auf dem **Hotel Maritim**
Anfahrt: Bis Leuchtenfeldparkplatz, weiter zwei Minuten Fußweg. Der Hotelaufzug fährt nonstop bis zum 110 meter hohen Aussichtsrestaurant. Oben sehr gute Aussicht auf Trave-Mündung, Priwall, DDR, Dassower See, Stadt Lübeck, Hemmelsdorfer See und Lübecker Bucht.

Das Großsegelschiff **PASSAT**
Ständiger Liegeplatz: Passathafen auf der Halbinsel Priwall. Erreichbar mit der ganztägig verkehrenden Priwall-Autofähre ab Vorderreihe, Überfahrt zum Priwall drei Minuten, anschließend fünf Minuten Fußweg, oder mit der Norderfähre (Personenfähre, nur im Sommer in Betrieb) unmittelbar östlich des Hotel Maritim abfahrend, Überfahrtzeit drei Minuten. Besichtigungszeiten von Mai bis September täglich von 9 bis 12 und 14 bis 17 Uhr. Näheres: Kurverwaltung Travemünde, Tel. 04502/8040. Im Winter kann die PASSAT von Besuchergruppen als Wohnstätte gemietet werden. Näheres: Sportamt Lübeck, Tel. 0451/12-0.
Die PASSAT (3181 BRT), bei Blohm & Voß in Hamburg gebaut und 1911 in

Dienst gestellt, gehört mit ihren 115 meter Länge zu den berühmten „P-Linern" der Reederei Laeisz. Sie ist eine Viermastbark, d.h. ein Segelschiff mit drei vollgetakelten Masten und einem Besanmast mit Gaffelsegel.
Die PASSAT befuhr im Dienst deutscher und finnischer Reeder die Weltmeere, wurde 1957 nach dem Untergang der PAMIR stillgelegt und liegt seit 1960 im Passathafen. Die PASSAT hätte im November 1957 bei den Azoren fast dasselbe Schicksal ereilt, wie wenige Monate zuvor die PAMIR. Bei schwerem Orkan war die Ladung verrutscht und das Schiff bekam Schlagseite. Nur durch großes seemännisches Können gelang es, den Hafen Lissabon anzulaufen und so das Schiff vor dem Untergang zu bewahren.

- Wie kam es zum Untergang der **PAMIR**? Das 1905 in Betrieb genommene Großsegelschiff PAMIR nahm im Herbst 1957 in Buenos Aires 3800 t lose Gerste und darüber 260 t Gerste in Säcken an Bord. Auf der Heimreise nach Europa kam das Schiff mit einem Hurrikan in bedrohliche Berührung. Die Gersteladung verrutschte, das Schiff bekam Schlagseite und kenterte am 21. September 1957 südwestlich der Azoren. In einer der größten Rettungsaktionen der Geschichte, an der 150 Schiffe teilnahmen, konnten nur 6 Mann lebend gerettet werden. 80 Mann einschließlich aller Offiziere fanden den Seemannstod. Ein bei der Rettungsaktion geborgenes Rettungsboot der PAMIR ist in der Lübecker Jacobikirche aufgestellt.

Hafenrundfahrt **Travemünde**
Einstündige Rundfahrt über Skandinavienkai und Pötenitzer Wiek (Von April bis September). Abfahrt: Travemünde, Vorderreihe. Näheres: Kufra-Schiffahrtslinien, Tel. 0451/26561 und 04502/2645.

Brodtener Steilufer und **Herrmannshöhe**
Das Brodtener Steilufer beginnt zwei km nördlich des Hotel Maritim und liegt bis zu 35 meter über der Ostsee. Oben auf dem Brodtener Steilufer führt ein Wanderweg über das Ausflugsrestaurant Herrmannshöhe (1,5 km) zum Badeort Niendorf (5 km). Mit dem Auto ist das Restaurant Herrmannshöhe über die Ortschaft Brodten erreichbar. Vom Brodtener Steilufer guter Ausblick auf die gesamte Lübecker Bucht; bei klarer Sicht sind der Badeort Grömitz und der Dahmeshöved-Leuchtturm (25 km Luftlinie) zu erkennen. Auch für Beobachtungen der Ostsee in Vollmondnächten gut geeignet, da nach Osten zur See hin offen.

Flußfahrt **Travemünde-Lübeck** und zurück.
Von April bis September täglich drei Abfahrten ab Travemünde, Vorderreihe. Fahrzeit hin und zurück einschl. 30 Minuten Aufenthalt in Lübeck 3,5 Stunden. Die Fahrtstrecke gleicht bis zur Teerhofsinsel der Fährroute Nordlandkai-Travemünde (vgl. Kap. 5.11), führt dann weiter trave-aufwärts durch den Burgtorhafen, den Wallhafen und den Lübecker Stadtgraben und endet an der Puppenbrükke. Von dort fünf Minuten Fußweg zum Holstentor. Bei Bedarf legt das Ausflugsschiff in Gothmund und am Liegeplatz der PASSAT an. Während der Fahrt Er-

läuterungen der Küsten und Ufer. Näheres: Kufra-Schiffahrtslinien, Tel. 0451/ 26561 und 04502/2645.

Der **Holsteinturm** im Hansapark bei Sierksdorf
Anfahrt: Über BAB bis AS Eutin (16 km von Travemünde). Der Holsteinturm, 1987 in Betrieb genommen, ist mit 100 meter Höhe der höchste Kabinen-Stahldrehturm Europas. Die Aussichtskabine faßt 50 Personen und dreht sich beim Aufwärtsfahren, beim Halt in 100 meter Höhe und beim Abwärtsfahren langsam mit zwei Umdrehungen pro Minute um sich selbst, so daß man einen weiten Blick über die Ostsee und das ostholsteinische Land hat.

Der **CAP ARCONA Ehrenfriedhof** bei Neustadt
Lage: 1 km nördlich Neustadt an der Straße nach Pelzerhaken (23 km von Travemünde). Kurz vor dem Ende des II. Weltkrieges ereignete sich in der Neustädter Bucht ein schweres tragisches Schiffsunglück. Ende April 1945 trieben Wachmannschaften des Konzentrationslagers Neuengamme (bei Hamburg) ihre Häftlinge in Richtung Ostseeküste, am 29. April erreichten sie die Neustädter Bucht. Dort wurden sie zu den ankernden Schiffen CAP ARCONA und THIELBECK übergesetzt. Auch Gefangene des KZ Stutthof bei Danzig, die mit Oderkähnen über die Ostsee gekommen waren, mußten auf die Schiffe. Am dritten Mai, fünf Tage vor Kriegsende, griffen Flugzeuge die Schiffe an. Tausende von Häftlingen kamen wenige Tage vor ihrer Rettung ums Leben. Die beiden gesunkenen Schiffe wurden 1950 aus der Neustädter Bucht entfernt und verschrottet.

Ausflugsfahrt mit dem Passagierschiff nach **Rödby** (Hin- und Rückfahrt 5 Stunden)
Täglich Abfahrten ab Ostpreußenkai. In Rödby kurzer Aufenthalt. Die Fahrt verläuft dicht unter der holsteinischen Küste, so daß die Ostseebäder, die Fehmarnsundbrücke und die Insel Fehmarn gut sichtbar sind. Näheres: Seetouristik, Travemünde, Tel. 04502/6411.

Ausflugsfahrten mit dem Passagierschiff nach **Warnemünde und Rostock** (12 Stunden)
Von Mitte Juni bis Ende September jeden Freitag und zusätzlich an den drei Adventssonntagen (zum Rostocker Weihnachtsmarkt) fährt ein Passagierschiff von Travemünde nach Warnemünde. Abfahrt ab Travemünde-Ostpreußenkai 9 Uhr, Ankunft in Warnemünde 12 Uhr, sechs Stunden Aufenthalt in der DDR, Abfahrt ab Warnemünde 18.30 Uhr, Ankunft in Travemünde 21.30 Uhr. Erforderlich ist ein gültiger Reisepaß. Nach Ankunft in Warnemünde gibt es wahlweise drei Möglichkeiten:

- Busfahrt nach Rostock

bei genügender Beteiligung:

- Busfahrt nach Bad Doberan und Heiligendamm

- Busfahrt nach Rostock und zum Restaurant Jägerhütte mit großem Essen

Aussicht vom am Kai liegenden Schiff und Landmarken links während der ersten halben Fahrtstunde vgl. Kap. 5.6. Deutsch-deutsche Wassergrenze rechts durch gelbe Tonnen markiert. Rechts sind nacheinander zu sehen (Bild 5.6.2):

Das Ostseebad Boltenhagen in der Boltenhagenbucht, dem westlichen Einschnitt der Wismarer Bucht (45 Minuten)

Die Wismarer Bucht und die Stadt Wismar

Die Insel Poel (niedrige waldlose Insel); an ihrer Westküste der Ort und Leuchtturm Timmendorf

Die Halbinsel Wustrow (im Westen flach, im Nordosten Steilküste), anschließend das Ostseebad Rerik

Das Ostseebad Kühlungsborn und südlich von Kühlungsborn 5 km landeinwärts der 128 meter hohe Diedrichshagener Berg

Das Ostseebad Heiligendamm und südöstlich von Heiligendamm 6 km landeinwärts die Kirche von Bad Doberan (spitzer schlanker Turm)

Das Ostseebad Nienhagen (Steilküste)

Als „erster Gruß" Warnemündes ist von Westen das Hotel Neptun (Hochhaus) sichtbar. Die Anlegestelle in Warnemünde liegt am Westufer der Warnow nahe dem Hotel Neptun und dem Fähranleger für die Route nach Gedser. Gegenüber der Anlegestelle in östlicher Richtung der Breitling, eine Ausbuchtung der Warnow, ähnlich den Trave-Ausbuchtungen Pötenitzer Wiek und Dassower See, und im Süden die Unterwarnow.
Näheres: Seetouristik, Travemünde, Tel. 04502/6411.

Hansestadt Lübeck (18 km ab Skandinavienkai)

Stadtgeschichtliches Museum im Holstentor

Das Museum enthält vier Räume über die hansische Schiffahrt, Nautik und Navigation in früheren Zeiten. Ein Modell der Hansestadt Lübeck im 17. Jahrhundert zeigt die damaligen Hafenanlagen an der Trave. Öffnungszeiten: Täglich außer montags 10 bis 17 Uhr, im Winter 10 bis 16 Uhr.

Oldtimer im Holstenhafen

Lage: Unmittelbar neben dem Holstentor trave-abwärts.
Am westlichen Kai des Holstenhafens liegt das Feuerschiff FEHMARNBELT. Es wurde 1908 als Dreimastfeuerschiff mit Besegelung auf der Thyenwerft in Brake gebaut, lag lange Zeit in der Eidermündung und von 1966 bis 1984 im Fehmarnbelt. Das Schiff ist als technisches Kulturdenkmal anerkannt. Näheres, Besichtigungszeiten: Lübecker Verkehrsverein e. V, Tel. 0451/72300.

Am östlichen Kai des Holstenhafens liegen mehrere Oldtimer-Segelschiffe als Dauerlieger oder Gastlieger. Zu den hier liegenden in Lübeck beheimateten Oldtimern zählen u.a. die Segelschiffe DE HOOP, LILLE HOLM (beide 1920 gebaut), SOLVANG (1938 gebaut), AENNE THE GONDERN, BIRGITTE, BLUE SIRIUS, EDEN und FULVIA. Diese Segelschiffe sind voll betriebsfähig und führen Gästefahrten insbesondere zu den Anrainerländern der Ostsee durch. Näheres: Lübecker Verkehrsverein e.V, Tel. 0451/72300 und Kuratorium zur Förderung maritimer Kultur-Denkmale e.V, Lübeck, Tel 0451/71424.

Historisches Restaurant **Schiffergesellschaft**
Lage: Ecke Breite Straße und Engelsgrube gegenüber der Jacobikirche, zehn Minuten Fußweg vom Holstentor.
1535 von den Älterleuten der Lübecker Schiffergesellschaft erbaut, ist das mit Treppengiebel und obenauf sitzender vergoldeter Wetterfahne mit großer Kugel ausgestattete Haus der Schiffergesellschaft eines der ältesten Gebäude und Restaurants in Lübeck. Die Lübecker Schiffergesellschaft widmete sich seit ihrer Gründung im Mittelalter vielen karitativen Aufgaben, vor allem für Seeleute. Eines der vielen beredten Zeugnisse dieser sozialen Aufgaben ist die 1629 eingerichtete Sklavenkasse, mit deren Hilfe Seeleute, die von Piraten gefangen wurden und als Sklaven arbeiten mußten, freigekauft wurden. Im Restaurant Schiffergesellschaft findet alljährlich am letzten Freitag im Februar das traditionelle Nautische Essen des Nautischen Vereins Lübeck, eine der größten und bekanntesten Veranstaltungen im deutschen Küstengebiet, statt.
Eine ausführliche Beschreibung der Entwicklung und historischen Inneneinrichtung des Gebäudes der Schiffergesellschaft gibt JAN HERCHENRÖDER in seiner Broschüre „Schiffergesellschaft – Lübecker Führer Nr. 7“ (Schmidt-Römhild-Verlag).
Näheres: Historische Gaststätte Schiffergesellschaft, Tel. 0451/76776.

Jacobikirche
Lage: Im Lübecker Stadtzentrum, gegenüber der Schiffergesellschaft. In der Kirche ist das geborgene Rettungsboot des Segelschiffes PAMIR aufgestellt.

8. Fähr-Reedereien stellen sich vor

Nachfolgend eine alphabetische Zusammenstellung der Fährreedereien, deren Fährschiffe Häfen in der Bundesrepublik oder in der DDR anlaufen. Außer den aufgeführten Fährrouten bieten viele Reedereien weitergehende Leistungen an, z. B. Fährrouten zwischen ausländischen Häfen, Gruppenreisen, Ferienaufenthalte usw. Näheres erfrage man bei den einzelnen Reedereien.

REEDEREI (Name und Hauptsitz)	z. Zt. befahrene Routen ab Fährhafen in der Bundesrepublik oder DDR	Anschrift / Niederlassung im deutschen Fährhafen
Dänische Staatsbahnen (DSB), Kopenhagen	Puttgarden–Rödby	Fährcenter DB / DSB Vogelfluglinie Puttgarden, 2448 Puttgarden, Tel. 0 43 71 / 93 50
Deutsche Bundesbahn, Bundesbahndirektion Hamburg, Fährbetriebe Vogelfluglinie. Museumstraße 39, 2000 Hamburg 50, Tel. 040 / 39 18 - 59 28	Puttgarten–Rödby	
Deutsche Reichsbahn, (DDR) Berlin	Saßnitz–Trelleborg und Warnemünde–Gedser	DR-Fährschiffamt DDR-2355 Saßnitz
Finnjet-Silja Line, Helsinki	Travemünde–Helsinki	Finnjet-Silja Line, Büro Skandinavienkai. 2400 Lübeck-Travemünde, Tel. 0 45 02 / 40 77
GT-Link, Gedser	Travemünde–Gedser	GT-Link, Skandinavienkai, 2400 Lübeck-Travemünde, Tel. 0 45 02 / 8 05 50
Jahre-Line, Oslo	Kiel–Oslo	Jahre-Line GmbH, Oslokai, 2300 Kiel, Tel. 04 31 / 9 12 81
Langeland-Kiel Linien, Zerssen & Co, Kiel	Kiel–Bagenkop	Zerssen & Co, Oslokai, 2300 Kiel, Tel. 04 31 / 3 01 72 50 u. 9 16 52
Nordisk Faergefart A/S, DK 5600 Faaborg	Gelting–Faaborg	Faaborg-Gelting Linie, 2342 Gelting Mole, Tel. 0 46 43 / 7 93

Polish Baltic Shipping Co, Kolobrzeg	Travemünde–Stettin und Travemünde–Danzig	Generalvertretung: Poseidon Schiffahrt OHG, Große Alte Fähre 20, 2400 Lübeck, Tel. 04 51 / 1 50 70
Poseidon Schiffahrt OHG, Große Alte Fähre 20, 2400 Lübeck, Tel. 04 51 / 1 50 70	Lübeck–Finnland (u. a. Helsinki, Hamina, Kotka, Rauma, Turku)	siehe 1. Spalte
Railship GmbH & Co KG, Auf dem Baggersand 17, 2400 Lübeck-Travemünde, Tel. 0 45 02 / 80 20	Travemünde–Hanko	siehe 1. Spalte
Stena-Line, Göteborg	Kiel–Göteborg	Stena-Line, Schwedenkai, 2300 Kiel, Tel. 04 31 / 90 90
TT-Line, Mattentwiete 8, Hamburg 11, Tel. 0 40 / 3 60 14 42 - 46	Travemünde–Trelleborg und Travemünde–Malmö	TT-Line, Büro Skandinavienkai, 2400 Lübeck-Travemünde, Tel. 0 45 02 / 80 10

9. Ein Blick in die Zukunft der Ostseefährschiffahrt

Zukunftsprognosen sind stets riskant. Mit Angaben „Projekt A kommt bestimmt", „Projekt B wird nie etwas werden" hat schon mancher schief gelegen. Auch der Zeitfaktor spielt bei Schiffahrtsprojektionen eine große Rolle. Zwischen der ersten Idee und der Verwirklichung liegen oft Jahrzehnte.

- Zwischen dem ersten Vorschlag für eine feste Verbindung über den Fehmarnsund bis zur Eröffnung der Fehmarnsundbrücke lagen fast genau 100 Jahre.
- Die ersten konkreten Pläne für eine feste Verbindung über den Großen Belt tauchten schon 1908 auf

Deswegen wagen wir keine Prognosen, sondern geben nur Einblicke in gegenwärtig bestehende Planungen und auch dies mit der gebotenen Vorsicht.

Fährrouten

Auf der Vogelfluglinie wird über eine private Fährlinie von Puttgarden, vielleicht sogar vom schleswig-holsteinischen Festland, nach Rödby und über den zweigleisigen Ausbau von Teilen der Eisenbahnstrecke Lübeck-Puttgarden nachgedacht.

Über eine Kombifährschiff-Verbindung von Kiel nach Finnland wird ebenfalls nachgedacht.

Zu Beginn der 80-iger Jahre war eine Eisenbahnfährlinie von Travemünde nach Memel/Klaipeda im Gespräch, um die es nach der Eröffnung der Route Mukran-Memel still geworden ist. Aber niemand kann sagen, ob und wann dieser Plan wieder einmal auflebt.

Fährhäfen

In Kiel wird der Ostuferhafen weitergebaut und voraussichtlich Anfang der 90-iger Jahre fertiggestellt sein (vgl. Kap. 5.4).

Im Raum Lübeck gibt es den Plan „Skandinavienkai 2000", der eine Erweiterung des Travemünder Skandinavienkais auf bis zu elf Fähranleger vorsieht. Dabei soll das Naturschutzgebiet Dummersdorfer Ufer nicht beeinträchtigt werden. Deswegen müßten die meisten neuen Fähranleger schräg oder quer zur Trave liegen (Bild 9.1), was wiederum das Verlegen der Eisenbahnlinie und der Bundesstraße 75 landeinwärts, einhergehend mit großen Erdbewegungen, voraussetzt. Der Plan „Skandinavienkai 2000" sieht u.a. eine Fußgängerverbindung und Promenade vom ersten Fähranleger direkt zum Ort Travemünde vor und das Terminalgebäude soll als Halbrundbau ausgeführt werden (In der Mitte des Bildes 9.1).

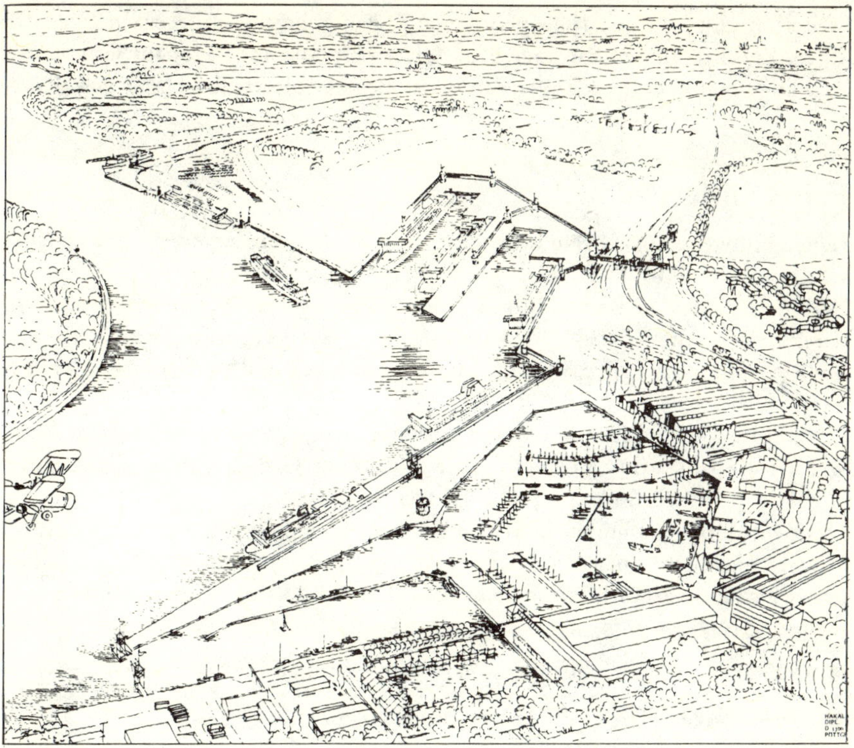

Bild 9.1
Vorschlag für den Ausbau des Skandinavienkais in Travemünde bis zum Jahre 2000 (Hansestadt Lübeck, Baudezernat)

Weiterhin gibt es Pläne für einen neuen Hafen Schlutup am rechten Ufer der Trave. Er wird auf dem Gelände der früheren Holzfirma Krages am Südufer des Breitling gegenüber der Flenderwerft entstehen und als Ro/Ro-Hafen den an seiner Kapazitätsgrenze angelangten Vorwerker Hafen entlasten.

Fährschiffe

Einige Hinweise auf im Bau befindliche und konkret geplante neue Ostseefährschiffe haben wir im Kap. 4.2 gegeben.
Bei weitergehenden Betrachtungen über zukünftige Ostseefährschiffe müssen wir zuerst an die künftige Entwicklung des Beförderungsvolumens, d.h. der künftigen Zahl der Fahrgäste und Fahrzeuge, denken und zwei Alternativen unterscheiden:
Das künftige Beförderungsvolumen könnte gleichgroß wie heute bleiben. Dann werden alte Schiffe durch neue ähnlicher Bauart und Größe, dem jeweils neuesten Stand der Schiffstechnik angepaßte Fährschiffe ersetzt.
Das Beförderungsvolumen kann in den kommenden Jahren ansteigen. Weil hiermit allgemein gerechnet wird, richten wir unsere Betrachtungen auf diese Alternative aus. Zum Befördern von mehr Fahrgästen und Fahrzeugen als heute gibt es mehrere Möglichkeiten:

- Die künftigen Fährschiffe werden größer gebaut als die heutigen
- Die künftigen Fährschiffe fahren schneller als heute
- Man setzt mehr Fährschiffe als heute ein
- Man entwickelt ganz neue Zukunftsschiffe

Größere Schiffe: Der Einsatz größerer Schiffe ist vorweg eine ökonomische Frage, bei der die gleichen Grundsätze gelten wie bei Investitionen an Land. Große Einheiten arbeiten kostengünstiger als kleine – wenn sie genügend ausgelastet sind.Schiffbautechnisch bereitet der Bau größerer, d.h. längerer, breiterer und/oder höherer Schiffe keine unüberwindlichen Schwierigkeiten; es gibt Tankschiffe, die 350 meter lang und über 50 meter breit sind (Das längste gegenwärtig auf der Ostsee in Betrieb befindliche Fährschiff, die FINNJET, ist 213 meter lang). Größere Schiffe müssen unterhalb der Wasserlinie sowohl länger als auch breiter sein als kleinere Schiffe; aus strömungstechnischen Gründen soll ein Schiff etwa sieben- bis neunmal so lang sein, wie es breit ist (Die Bauform eines Schiffes oberhalb der Wasserlinie ist strömungstechnisch weniger wichtig).

Der Einsatz größerer Schiffe erfordert genügend große Hafenanlagen; Kais, Rampen und Schiffswendekreise müssen ausreichende Abmessungen haben. Einige Häfen können größere Schiffe bereits heute aufnehmen, andere lassen sich mit vertretbaren Kosten, wieder andere nur mit sehr hohen Kosten vergrößern. Denkbar ist auch, größere Schiffe mit gleichgroßem Grundriß wie heute, aber größerer Höhe zu bauen. Man würde dann ein zusätzliches Fahrzeugdeck oder weitere Decks für die Fahrgäste gewinnen. Ein zusätzliches Fahrzeugdeck erfordert aber höhere und damit längere Auffahrrampen in den Häfen oder zusätzliche Rampen in den Schiffen.

Würde man **schnellere** Schiffe bauen, hätte dies zwei Nachteile:

Die Motorenleistung und damit der Treibstoffverbrauch steigen, ähnlich wie beim Auto, mit der dritten Potenz der Fahrgeschwindigkeit, d.h. bei verdoppelter Geschwindigkeit ergibt sich ein achtfacher Treibstoffverbrauch. Ein Fährschiff, das mit 25 Knoten fahren soll, hat einen fast doppelt so hohen Treibstoffverbrauch wie ein Schiff gleicher Größe, das nur mit 20 Knoten fährt. Und dann gerät die Stabilität der Fahrpreise in Gefahr.
Wegen zu geringer Wassertiefe und enger Gewässer könnten sehr hohe Geschwindigkeiten garnicht überall gefahren werden und bei sehr kurzen Fährrouten würden sie kaum Zeitersparnisse bringen.

Tragflächenboote, die Geschwindigkeiten bis 70 km/h erreichen, werden nicht in größerer Zahl eingesetzt werden, weil sie zum Befördern von Fahrzeugen zu klein sind. Sie haben sich aber beim Personentransport auf kurzen Routen (z.B. Kopenhagen-Malmö und in der Danziger Bucht) bewährt. Luftkissenfahrzeuge sind noch schneller als Tragflächenboote und sie können heute auch schon Fahrzeuge befördern, doch ist ihre Lärmentwicklung noch recht hoch.

Der Einsatz von **mehr Fährschiffen** als heute wäre prinzipiell denkbar. Doch auch dies müssen wir im Zusammenhang mit den Häfen sehen. Entweder müssen weitere Fähranleger eingerichtet werden oder die Liegezeiten der Schiffe in den Häfen müssen kürzer werden.

Und schließlich hat man über **ganz neue Zukunftsschiffe** nachgedacht. Es gibt Vorschläge für neue Schiffsarten, Schiffsformen und Beförderungskombinationen.

Zwei Beispiele für neue **Schiffsarten** sind die Projekte „Delta-Monohull-Schiff“ und „Megaferry 4000“ der Wärtsilä-Marine-Werft, Helsinki. Beim Projekt „Delta-Monohull-Schiff“ ragen die Passagierdecks seitlich über die Schiffswände hinaus, das Schiff hat also einen Delta-förmigen Querschnitt (Bild 9.2) und kann mehr Passagiere aufnehmen.

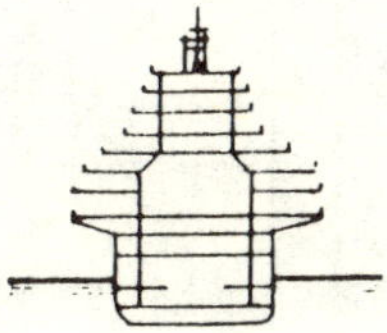

Bild 9.2 Delta-Monohull-Schiff

Das Projekt „Megaferry 4000“ besitzt zwei Pontons für LKW, die ein- und ausgeschwommen werden können (Bild 9.3). Dies ist verkehrstechnisch vorteilhaft, weil die Pontons abseits vom Liegeplatz des Fährschiffes be- und entladen werden

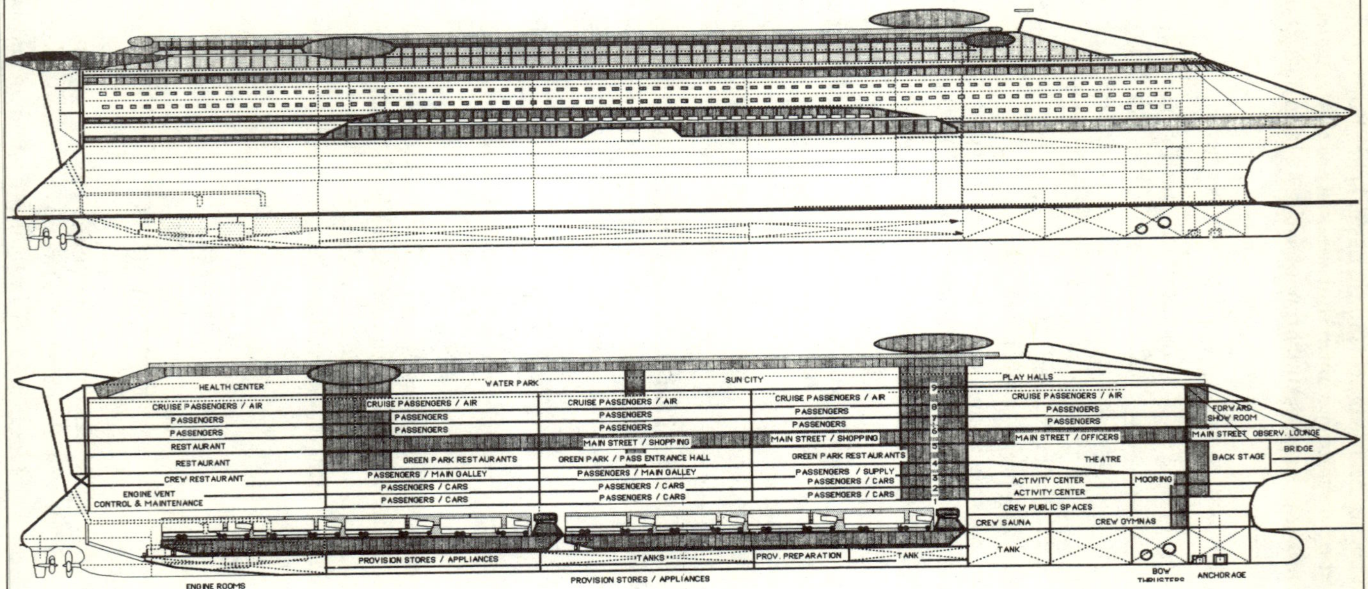

Bild 9.3 A Das Projekt MEGAFERRY 4000. Passagier- und Autofährschiff mit zwei einschwimmbaren Pontons für LKW. Fassungsvermögen voraussichtlich bis zu 4000 Passagiere (WÄRTSILÄ MARINE INDUSTRIES Helsinki)

können und dadurch der Fahrzeugfluß zum und vom Schiff in den Häfen auseinandergezogen werden kann.
Die heutigen Fährschiffe und die beiden o.g. Projektschiffe haben nur **einen** Rumpf, man nennt sie deswegen Einrumpfschiffe oder Monohullschiffe (hull- = Rumpf).

Eine neuartige **Schiffsform** wäre ein Schiff mit **zwei nebeneinanderliegenden Rümpfen**, Doppelrumpfschiff oder SWATH-Schiff genannt (SWATH = Smal Waterplane Area Twin Hull), vgl. Bild 9.4:

Bild 9.4 Doppelrumpfschiff (SWATH-Schiff)

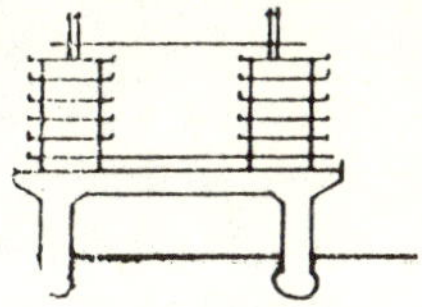

Dem Doppelrumpfschiff als Fährschiff liegen folgende Gedanken zugrunde:

- Bei einem Monohullschiff ist der Raum unterhalb des unteren Fahrzeugdecks durch die Maschinenanlage nur im hinteren Teil ausgefüllt, der übrige Raum muß weitgehend ungenutzt bleiben, weil das Verbringen von Fahrzeugen in diesen Raum sehr umständlich wäre und Personen in diesem unterhalb der Wasserlinie liegenden Teil des Schiffes aus Sicherheitsgründen nicht befördert werden dürfen.

- Ein Doppelrumpfschiff kann breiter als ein Einrumpfschiff ausgeführt werden, weil beim Längen/Breitenverhältnis strömungstechnisch jeder Rumpf für sich zählt. Solche Schiffe könnten also zwei nebeneinanderliegende große Decks erhalten, einhergehend mit einem großen Fassungsvermögen für Passagiere und Fahrzeuge.

Die Projekte „Delta-Monohullschiff“ und „Doppelrumpfschiff“ wurden von KAI LEVANDER beschrieben.

Neuartige Vorschläge für **Beförderungskombinationen** beschreibt ARMIN GANSER:
Heutige Fährschiffe nehmen Autos und Passagiere gleichzeitig mit. Man könnte aber die Beförderung teilen, indem ein Autotransportschiff und ein Passagierschiff (zB Kreuzfahrschiff) im „Zwillingsbetrieb“ nebeneinander herfahren. Die Autos würden dabei – vielleicht mit Hilfe eines Förderbandes mechanisch – auf den Autotransporter gebracht, die Fahrgäste gehen an Bord des Passagierschiffes und beide Schiffe fahren gemeinsam zum Zielhafen. Ein anderer Vorteil dieser Arbeitsteilung wäre: Der Autotransporter könnte außerhalb der Sommersaison auf der Ostsee Fracht befördern, während das Passagierschiff im Winter in wärmeren Zonen Kreuzfahrten durchführt. Solche aus zwei Schiffen bestehenden Beförderungskombinationen wurden behelfsweise schon einmal auf Fährrouten im Mittelmeer angewandt, als wegen eines Streiks der reguläre Fährverkehr stillstand.

Die Darstellungen von KAI LEVANDER und ARMIN GANSER sind auszugsweise der Broschüre MARITIME VISIONEN (Christians & Reim Verlag, Hamburg 1985) entnommen.

Feste Verbindungen

Die Verbindung über den Großen Belt

Wie im Kap. 5.4 angedeutet, steht der Beginn einer festen Verbindung von Seeland nach Fünen unmittelbar bevor. In der ersten Zeit sollen über diese Verbindung nur Eisenbahnen fahren. Autos müssen vorerst weiter mit Fährschiffen befördert werden, bis in einem zweiten Bauabschnitt eine Straßenverbindung fertig ist. Bis 1992 soll diese 16 km lange Verbindung für die Eisenbahn fertiggestellt werden. Von Fünen (etwa bei Nyborg/Knudshoved) wird eine 36 meter hohe Brücke bis zur Belt-Insel Sprogö gebaut und von Sprogö rollt der Eisenbahnverkehr voraussichtlich in einem Tunnel weiter nach Seeland (etwa bei Korsör/Halsskov). Eine Alternative zum Tunnel ist eine Hochbrücke von Sprogö nach Seeland mit 77 meter Durchfahrthöhe (zum Vergleich: Die Durchfahrthöhe anderer dänischer Hochbrücken liegt bei 40 bis 45 meter, die Verrazano-Narrow-Bridge vor New York hat 64 meter Durchfahrthöhe). Dieses Milliardenprojekt soll durch Brückengelder finanziert werden; die Brückenbenutzung soll dem jetzigen Fährfahrpreis abzüglich der Betriebskosten für die Fahrzeuge entsprechen.
Seit den ersten Plänen für diese Verbindung im Jahre 1908 gab es immer wieder Verzögerungen durch die beiden Weltkriege, durch politische Einflüsse und Gegner des Brückenprojekts. Auch soziale und ökologische Einflüsse sind zu berücksichtigen: In den kleinen Städten Korsör und Nyborg gibt es im Bereich des Fährverkehrs 3000 Arbeitsplätze und angesichts des Sauerstoffmangels in der Ostsee muß der Durchlauf von Salzwasser aus dem Kattegat in die Ostsee nicht nur gehalten, sondern verbessert werden, um die Ostseefischerei und das ökologische Gleichgewicht der Ostsee nicht zu gefährden (vgl. auch Aufsatz „Die Große-Belt-Brücke“ von SIEGFRIED MATLOK im Jahrbuch MARE BALTICUM 1986, herausg. von der Ostseegesellschaft e.V, Hamburg).
Aber die Dänen sind Meister im Brückenbau. Gelang es ihnen doch, 1943, mitten im II. Weltkrieg, die Hochbrücke von Seeland nach Mön über den Ulv Sund fertigzustellen.

Verbindungen über den Öresund

In der Diskussion befinden sich gegenwärtig Verbindungen von Kopenhagen nach Malmö und von Helsingör nach Helsingborg.
Die 17,5 km lange Verbindung Kopenhagen-Malmö ist als Straßen- und Eisenbahnverbindung geplant. Sie soll im westlichen Teil über einen Damm und einen Tunnel und im östlichen Teil über eine 6,5 km lange Hochbrücke laufen. Die Insel Saltholm soll aus Umweltschutzgründen umgangen werden.

Für die 5 km lange Verbindung Helsingör-Helsingborg wird gegenwärtig ein Eisenbahntunnel vorgeschlagen.
Für beide Milliardenprojekte werden Bauzeiten von sieben bis neun Jahren erwartet; die Kosten sollen auch hier durch eine Maut finanziert werden.
Sollte die Fertigstellung der beiden festen Verbindungen (Große-Belt- und Öresund-Verbindung) gelingen, würde sich die Eisenbahnfahrzeit von Hamburg nach Oslo von heute 16 Stunden (über Frederikshavn) auf sechs Stunden verringern.

Feste Verbindung über den Fehmarnbelt?
Auch diese Verbindung ist technisch heute nicht mehr unrealistisch. Aber angesichts der astronomischen Kosten (gegenwärtig werden Baukosten von 40 Milliarden dänische Kronen genannt) glauben auch Optimisten an eine Verwirklichung noch in diesem Jahrtausend nicht.

Über die Auswirkungen dieser festen Verbindungen auf die Fährschiffahrt gibt es ausführliche Studien, deren Inhalt aber aus Platzgründen hier nicht wiedergegeben werden kann. Ins Abseits gerät die Ostseefährschiffahrt aber sicherlich nicht, allenfalls könnten Umstrukturierungen nötig werden.

Was wird wann, wo und zu welchen endgültigen Kosten verwirklicht?
Wir wissen es nicht, warten wir ab. Wir können nur hoffen, daß wirtschaftliche und politische Vernunft, gepaart mit ausreichender Ökologie im Vordergrund aller zukünftigen Projekte stehen.

Am Ende dieses Jahrtausends wissen wir mehr!

Ortsregister

Literatur

Bücher

BAHNSEN, NILS u. HELGE JANSSEN: Dänemarks Häfen aus der Luft. Bielefeld, Delius Klasing Verlag, 1983, 185 Seiten

BAHNSEN, NILS u. JÜRGEN SCHAPER. Deutsche Ostseeküste – Luftbildatlas. Hamburg, Edition Maritim, 1987, 136 S.

BENDIXEN, JENS u. KLAUS LEONHARD: Reiseführer Ostseeküste von Flensburg bis Lübeck. München, Polyglott-Verlag, 1987, 64 S.

BERKING, BERNHARD: Die Elektronische Seekarte. Hamburg, Sozialwerk für Seeleute (Herausg.), 1987, 68 S.

CLAVIEZ, WOLFRAM: Seemännisches Wörterbuch. Bielefeld, Delius Klasing Verlag, 1973, 380 S.

DEGN, CHRISTIAN u. UWE MUUSS: Luftbildatlas Schleswig-Holstein und Hamburg. Neumünster, Wachholtz-Verlag, 1984.

DREVES, PETER: 1000 Ausflugsziele in Schleswig-Holstein. Kiel, Dreves-Verlag, 1987, 148 S.

GROBECKER, KURT: Passat – Das abenteuerliche Leben eines Windjammers. Lübeck, LN-Verlag, 128 S.

HADER, ARNULF u. GÜNTHER MEIER: Eisenbahnfähren der Welt. Herford, Koehlers Verlagsgesellschaft, 1986, 137 S.

HEIMANN, R: Vom Fischerhof zum Industriestadtteil – Schlutup im 19. und 20. Jahrhundert. Archiv der Hansestadt Lübeck (Herausg.), 1986, 56 S.

HERCHENRÖDER, JAN: Schiffergesellschaft – Lübecker Führer Nr.7. Lübeck, Schmidt-Römhild-Verlag, 1984, 28 S.

JAHN, HELMUT u. JAN WERNER: Ostseehäfen aus der Luft. Bielefeld, Delius Klasing Verlag, 1987, 109 S.

KELLER, HANS-ULRICH: Das Himmelsjahr 19..- Stuttgart, Franckhsche Verlagshandlung, jährlich neu, ca 170 S.

KIECKSEE, H: Die Ostsee-Sturmflut 1872. Heide/Holstein, Boyens-Verlag, 1972, 155 S.

KLUGMANN, ULRIKE u. a: Bildatlas Ostsee und Holsteinische Schweiz
KLUGMANN, ULRIKE u.a: Bildatlas Bornholm
beide: Hamburg, HB-Verlagsgesellschaft, 1985, 98 S.

KÖHLER, GERHARD: Die Seereise von Kiel nach Göteborg. Kiel, Stena Line (Herausg.), 1988, 112 S.

KUMM, WERNER: Technische Navigation heute – Bestandsaufnahme 1987. Hamburg, Sozialwerk für Seeleute (Herausg.), 1987, 40 S.

v. d. LIPPE, HELMUT u. HERBERT SCHMITZ: Fünfzig Jahre Lübecker Hafengesellschaft mbH, Lübeck, Lübecker Hafengesellschaft (Herausg.), 1984, 112 S.

MEIER, GÜNTHER: Die Vogelfluglinie und ihre Schiffe. Herford, Koehlers Verlagsgesellschaft, 1988, 84 S.

NEWIG, JÜRGEN u. HANS THEEDE: Die Ostsee, Natur- und Kulturraum. Husum, Druck- u. Verlagsgesellschaft, 1986, 272 S.

PAUL, WILLI: Technische Sehenswürdigkeiten in Deutschland; Bd I, Schleswig-Holstein, Niedersachsen, Hamburg, Bremen. München, ADAC-Verlag, 1976, 248 S.

PETERS, UWE: Die Küste von A – Z. Kiel, Mielck-Verlag, 1987, 32 S.

PRAGER, HANS-GEORG: Was weißt Du von der Waterkant? – Herford, Koehlers Verlagsgesellschaft, 1981, 119 S.

REHM, ARNOLD: Schiff und See. Bremerhaven, Wirtschaftsverlag NW, 1980, 271 S.

SCHADENDORF, WULF: Das Holstentor in Lübeck. München, Deutscher Kunstverlag, 1986, 28 S.

SEGNER, DAGMAR u.a: Maritime Visionen. Hamburg, Christians & Reim Verlag, 1985, 121 S.

THOMER, EGBERT u.a: Köhlers Flottenkalender – Das Deutsche Jahrbuch der Seefahrt. Herford, Koehlers Verlagsgesellschaft, jährlich neu, ca 250 S. (Anm: Mit dem Verfasser dieses Buches nicht verwandt, Namensgleichheit zufällig).

WITTHÖFT, HANS-JÜRGEN: Hapag-Lloyd – ein Bildband, 1975
WITTHÖFT, HANS-JÜRGEN: Container – Transportrevolution unseres Jahrhunderts, 1976
WITTHÖFT, HANS-JÜRGEN: Huckepack über See – Barge Carrier, 1979
sämtlich: Herford, Koehlers Verlagsgesellschaft

Bücher ohne Verfasserangabe

Amtliche Liste der Seeschiffe der Bundesrepublik Deutschland 19.. – Herausgeber Bundesminister für Verkehr, Bonn, jährlich neu, ca 250 S.

Deutsches Hydrographisches Institut, Hamburg:
- Ostseehandbuch IV. Teil, Nr. 2003
- Handbuch für Belte und Sund, Nr. 2004
- Handbuch für Skagerrak und Kattegat, Nr. 2005 A
- Norwegen-Handbuch, südl. Teil, Nr. 2012
sämtl. Loseblattwerke

Fehmarn – Eine Insel stellt sich vor. Lübeck, Schöning+Schmidt-Verlag, 32 S.

MARE BALTICUM. Ostseegesellschaft eV, Hamburg 13 (Herausg.), jährlich neu

MERIAN-Ostseeküste von Flensburg bis Lübeck. Hamburg, Hoffmann u. Campe Verlag, 146 S.

Schiffsliste 19..- Hamburg, Eckardt & Messtorff-Verlag, ca 240 S, jährlich neu

Skandinavienkai 2000 in Lübeck-Travemünde – Planstudie über die weitere Entwicklung. Lübeck, Senat der Hansestadt Lübeck-Baudezernat (Herausg.), 1987, 60 S.

Verkehrsmarkt Ostsee – Ostseejahrbuch 1987. Industrie- u. Handelskammer zu Lübeck (Herausg.), 1987, 288 S.

Zeitschriften

Hansa-Schiffahrtszeitung. Schiffahrtsverlag Schroedter, Hamburg, jährlich 23 Ausgaben

Schiffahrt International. Koehlers Verlagsgesellschaft, Herford, jährlich 12 Ausgaben

Schiff und Zeit. Koehlers Verlagsgesellschaft, Herford, jährlich zwei Ausgaben

Schiff & Hafen. Seehafen-Verlag Blumenfeld, Hamburg, jährlich 12 Ausgaben

Sea Breezes – The Magazine of Ships and the Sea (engl.). Liverpool, jährlich 12 Ausgaben

Ships monthly (engl.). Burton-on-Trent (UK), jährlich 12 Ausgaben

Verlagsverzeichnisse und Buchkataloge

Delius Klasing, Bielefeld

Eckardt & Messtorff, Hamburg 11

Wolfgang Fuchs, Hamburg 11

Koehlers Verlagsgesellschaft, Herford

LN-Verlag, Lübeck

Aufsätze, Verschiedenes

MATLOK, SIEGFRIED: Die Große-Belt-Brücke
RUTOW, GERTRUD: Die neue Fährverbindung von Rügen nach Litauen
beide in MARE BALTICUM 1986

RUTOW, GERTRUD: Renaissance der Eisenbahnfähren auf der Ostsee
„ „ : Der Rügendamm und seine lange Vorgeschichte
„ „ : 25 Jahre Travemünde-Trelleborg-Linie
„ „ : Ein Jahr Fährverbindung Mukran-Klaipeda (Memel)
sämtlich in MARE BALTICUM 1987

Ostsee – Reisen, Aktivität, Kultur, Erholung. Bildprospekt, herausg. v.d. Zusammenarbeitsgruppe Touristik in Ostseeländern und Städten.

Bildnachweise

Kapitel 3 – 4 – 6 – 9: Die bei den Bildunterschriften in Klammern angegebenen Reedereien, Firmen, Fotografen und sonstigen Stellen.
Kap. 5: Deutsches Hydrographisches Institut Hamburg; Ostseehandbuch IV, Handbuch für Belte und Sund, Handbuch für Skagerrak und Kattegat. Nachdruck mit freundlicher Genehmigung des DHI.
Übrige: Verfasser
Luftbildfreigaben:
- Schwedenkai, Kiel SH
- Travemünde SH 396-290
- Schleuse Kiel-Holtenau 9715/87 Reg-Präs. Münster

Die Verfasser

Prof. Dipl-Ing. Gerhard KÖHLER (geb. 1933), Zarpen b. Lübeck, Dozent an der Fachhochschule Lübeck. Verfasser zahlreicher Schriften und Gutachten über Seefahrt, Transportwesen und Technik.

Kapitän Lutz HANKEL (geb. 1942), Bordesholm. Seit 1959 weltweit bei der Seefahrt; seit 1975 in der Ostseeschiffahrt. Heute Kapitän des Kombifährschiffes RAILSHIP I.

Kapitän Andreas SCHOON (geb. 1952), Cuxhaven. Wurde schon mit 27 Jahren (als einer der Jüngsten Deutschlands) Kapitän. Dienst bei der HADAG-Seetouristik, in der Fracht- und Tankschiffahrt. Heute See-Lotse auf der Elbe.

JAHRELINE

Die Norwegen-Linie

Deutschland – Norwegen

Kiel – Oslo

mit ms KRONPRINS HARALD und ms PRINSESSE RAGNHILD
der Jahre Line, Oslo

13.30 Uhr ab Kiel	13.30 Uhr ab Oslo
9.00 Uhr an Oslo*	9.00 Uhr an Kiel*

*nächster Tag

KH = ms KRONPRINS HARALD   PR = ms PRINSESSE RAGNHILD

4/1 – 10/2/1988 3× wöchentlich in beide Richtungen

Ab Kiel	Di	Do	So
Ab Oslo	Mo	Mi	Fr

Bis 8/1/1988 mit PR, danach KH

11/2 – 10/6/88 u. 14/8 – 22/12/88 täglich außer Sonnabend in beide Richtungen

	Mo	Di	Mi	Do	Fr	Sa	So
Ab Kiel	PR	KH	PR	KH	PR	–	KH
Ab Oslo	KH	PR	KH	PR	KH	–	PR

Keine Abfahrt von Kiel u. Oslo am 28/3, dafür Extra-Abfahrt von Kiel u. Oslo am 26/3

12/6 – 12/8/1988 tägl. in beide Richtungen

	Ungerade Daten			Gerade Daten		
	Juni	Juli	August	Juni	Juli	August
Ab Kiel	PR	PR	KH	KH	KH	PR
Ab Oslo	KH	KH	PR	PR	PR	KH

23/12/1988 – 3/1/1989

Ab Kiel	Dezember	23 PR	27 PR	28 KH	29 PR	30 KH
	Januar	1 PR	2 KH	3 PR		
Ab Oslo	Dezember	26 PR	27 KH	28 PR	29 KH	30 PR
	Januar	1KH	2 PR	3 KH		

LARVIK LINE

Hauptbüro OSLO: Drammensveien 155c, Postboks 265. Skøyen – 0212 Oslo 2, (02) 55 05 01, Tx: 71730
Buchungen u. Fahrkarten durch alle Reisebüros, Automobilclubs u. unsere Auslandsvertretungen:
REISEBÜRO NORDEN GMBH Amtl. Reisebüro der dänischen u. schwedischen Staatsbahnen
Ost-West-Straße 70 · 2000 Hamburg 11 · Telefon 0 40 / 36 32 11

Fahrplan 1988

Frederikshavn—Larvik

Spätester Verladetermin 30 Min. vor Abfahrt.
Fahrplanänderung vorbehalten.

SONDERFAHRPLAN 4. April		
Ab Frederikshavn	**08.00**	**22.00**
An Larvik	14.00	07.00*
Ab Larvik	**15.00**	
An Frederikshavn	21.00	

Preisgünstige Abfahrten

3. JANUAR — 20. MÄRZ	Montag	Dienstag	Mittwoch	Donnerstag	Freitag	Sonnabend	Sonntag
Ab Frederikshavn An Larvik	**21.00** 07.00*		**14.00** 20.00	**21.00** 07.00*	**15.30** 1) 21.30	**08.30 22.30** 14.30 07.00*	**15.00** 21.00
Ab Larvik An Frederikshavn		**20.00** 07.50*	**21.00** 07.50*		**08.00** 1) **22.30** 14.00 07.00*	**15.30** 21.30	**08.00 22.00** 14.00 07.50*

* Nächter Tag. 1) Keine Abf. 8. und 15. Januar.

5. APRIL — 7. APRIL: WERFTLIEGEZEIT

21. MÄRZ — 9. JUNI	Montag	Dienstag	Mittwoch	Donnerstag	Freitag	Sonnabend	Sonntag
Ab Frederikshavn An Larvik	**14.00** 2) 20.00	**14.30** 20.30	**15.30** 21.30	**20.00** 07.00*	**15.30** 21.30	**12.30** 18.30	**13.00** 19.00
Ab Larvik An Frederikshavn	**20.30** 2) 07.50*	**21.30** 07.50*	**22.00** 07.50*		**08.00 22.30** 14.00 07.50*	**19.00** 07.50*	**20.00** 07.50 3)*

* Nächter Tag. 2) Sonderfahrplan 4. april 3) 4. april ank. 07.00.

10. JUNI — 21. AUG.	Montag	Dienstag	Mittwoch	Donnerstag	Freitag	Sonnabend	Sonntag
Ab Frederikshavn An Larvik	**08.00 22.00** 14.00 07.00*	**22.00** 07.00*	**16.00** 22.00	**08.00 22.00** 14.00 07.00*	**16.00** 22.00	**08.00 22.00** 14.00 07.00*	**15.00** 21.00
Ab Larvik An Frederikshavn	**15.00** 21.00	**15.00** 21.00	**08.00 23.00** 14.00 07.00*	**15.00** 21.00	**08.00 23.00** 14.00 07.00*	**15.00** 21.00	**08.00 22.00** 14.00 07.00*

* Nächter Tag.

22. AUG. — 23. DEZ.	Montag	Dienstag	Mittwoch	Donnerstag	Freitag	Sonnabend	Sonntag
Ab Frederikshavn An Larvik	**14.00** 20.00	**14.30** 20.30	**15.30** 21.30	**20.00** 07.00*	**15.30** 21.30	**12.30** 18.30	**13.00** 19.00
Ab Larvik An Frederikshavn	**20.30** 07.50*	**21.30** 07.50*	**22.00** 07.50*		**08.00 22.30** 4) 14.00 07.50*	19.00 07.50*	20.00 07.50*

* Nächter Tag. 4) Keine Abf. 23. dezember.

24. DEZEMBER — 2. JANUAR 1989	24. dez.	25. dez.	26. dez.	27. dez.	28. dez.	29. dez.	30. dez.	31. dez.	1. jan.	2. jan.
Ab Frederikshavn An Larvik	Keine	Keine		**10.00** 16.00	**11.00** 17.00	**21.00** 07.00*		**11.00** 17.00	**11.00** 17.00	**21.00** 07.00*
Ab Larvik An Frederikshavn	Abf.	Abf.	**19.00** 08.30*	**19.00** 08.30*	**19.00** 08.30*		**19.00** 08.30*	**19.00** 09.00*	**20.00** 07.50*	

* Nächter Tag.

Scandinavienticket

Mit einer Transitfahrkarte können Sie bequem und preiswert 3 Fährlinien auf Ihrer Scandinavienrundreise benutzen.

1. **FREDERIKSHAVN—LARVIK** (bis 2 mal täglich)
2. **HELSINGBORG—HELSINGØR (SFL):** (alle 20-30 min.)
3. **RØDBY—PUTTGARDEN** (Abf. jede Stunde) oder umgekehrt

Tarif wird berechnet nach Gesamt-länge und Höhe. Die höhe bezieht sich auf den höchsten Wagenteil. PKW oder PKW-gespann inkl. bis 5 Personen (PKW + Anh./Wohnwagen sowie Wohnmobile

Der erste Abfahrtstermin ist für den Preis massgebend.

	Fahrpreise in DM			
	1/1—31/5	1/6—23/6 1/8—14/8	24/6—31/7	15/8—31/12
Höhe bis 1,95 m				
Bis 6 m Länge	225,–	280,–	325,–	230,–
Bis 8 m Länge	320,–	375,–	415,–	320,–
Über 8 m. Länge	400,–	450,–	535,–	400,–
Höhe über 1,95 m				
Bis 6 m Länge	315,–	370,–	440,–	300,–
Bis 8 m Länge	420,–	515,–	600,–	425,–
Über 8 m Länge	505,–	590,–	705,–	505,–
Zuschlag für Totalhöhe über 2,50 m	36,–	43,–	83,–	36,–
Weitere Personen				
Erwachsen	58,–	60,–	72,–	60,–
Kind 6-12 Jahre	29,–	30,–	36,–	30,–
Unter 6 Jahre, frei				
Gruppen				
Ab 25 Personen pro Person incl. Bus und Fahrer	43,–	43,–	54,–	43,–
Minimumstarif für Leerbus oder Bus mit weniger als 25 Personen	1075,–	1075,–	1350,–	1075,–

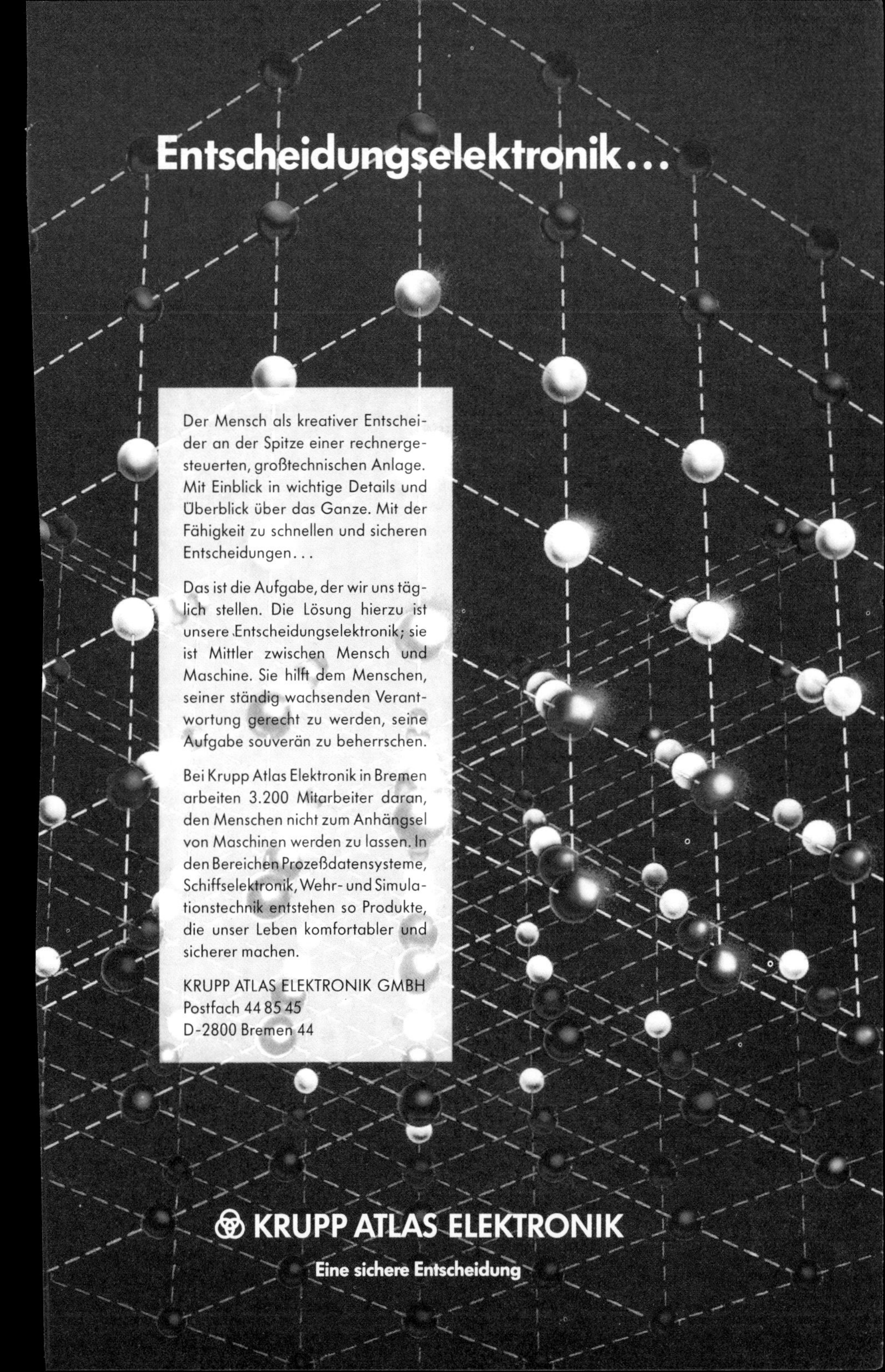
Entscheidungselektronik...
Der Mensch als kreativer Entscheider an der Spitze einer rechnergesteuerten, großtechnischen Anlage. Mit Einblick in wichtige Details und Überblick über das Ganze. Mit der Fähigkeit zu schnellen und sicheren Entscheidungen...
Das ist die Aufgabe, der wir uns täglich stellen. Die Lösung hierzu ist unsere Entscheidungselektronik; sie ist Mittler zwischen Mensch und Maschine. Sie hilft dem Menschen, seiner ständig wachsenden Verantwortung gerecht zu werden, seine Aufgabe souverän zu beherrschen.
Bei Krupp Atlas Elektronik in Bremen arbeiten 3.200 Mitarbeiter daran, den Menschen nicht zum Anhängsel von Maschinen werden zu lassen. In den Bereichen Prozeßdatensysteme, Schiffselektronik, Wehr- und Simulationstechnik entstehen so Produkte, die unser Leben komfortabler und sicherer machen.
KRUPP ATLAS ELEKTRONIK GMBH
Postfach 44 85 45
D-2800 Bremen 44
KRUPP ATLAS ELEKTRONIK
Eine sichere Entscheidung